Dictionnaire
de la corruption

5-7, rue de l'Ecole-Polytechnique, 75005 Paris

www.editions-harmattan.fr

ISBN : 978-2-343-13932-6
EAN : 9782343139326

Sylvain MUSINDE SANGWA

Dictionnaire de la corruption

L'Harmattan

"Et maintenant, j'ai achevé une œuvre que ni la vieillesse, ni le feu avide ne pourra détruire. Je serai lu à travers le monde entier et mon nom sera transporté au-dessus des hauts astres et si les pressentiments sont vrais, je vivrai encore par ma renommée".

Virgile

"Je ferai ici une exhortation à tous les hommes en général, de réfléchir sur leur condition et d'en prendre des idées saines. Il n'est pas impossible qu'ils vivent dans un gouvernement heureux sans le sentir : le bonheur politique étant tel que l'on ne le connaît qu'après l'avoir perdu".

Montesquieu 1689-1755 - Mes pensées

SOMMAIRE

DÉDICACE

En souvenir de ce sage africain, Muganza wa Beya, dont la conviction profonde se résumait en ce que : "l'homme n'a de la valeur, à ses yeux, que s'il ne cause aucun mal à son prochain ni à sa communauté".

Sylvain MUSINDE SANGWA

AVANT-PROPOS

Phénomène qui sape la légitimité des institutions politiques et qui porte gravement atteinte à la société, à l'ordre moral et à la justice ainsi qu'au développement économique et social, la corruption n'épargne personne. Elle est présente partout. Ses effets sont dévastateurs. Ils n'épargnent aucun secteur : les individus, les Entreprises publiques ou privées, les Eglises, les Ecoles et les Universités, les Hôpitaux, les Cours et Tribunaux, les Administrations Publiques, les Organisations Internationales, etc.

Selon certaines estimations de la Banque mondiale, le coût annuel de la corruption dans le monde s'élèverait à plus de 80 milliards de dollars américains, un montant supérieur à l'ensemble de l'aide économique mondiale.

L'on se demanderait quand est apparue la corruption. Hérodote parle déjà de ce fléau dans son œuvre intitulée : **Histoire, livre III, ~ 450 av. J.C.** et dit « la *corruption dans la vie publique fait naître entre les méchants non plus des haines, mais des amitiés tout aussi violentes car les profiteurs ont besoin de s'entendre pour gruger la communauté* », en d'autres termes, Hérodote nous révèle que la corruption n'est pas un phénomène récent, mais qu'elle est aussi plus vieille que le monde.

Comme pour le V.I.H./Sida, la corruption est un mal qu'il faut nécessairement combattre. Ce combat ne peut être efficace que s'il bénéficie du concours de tous. Chacun ; en ce qui le concerne et à chaque niveau où il se trouve, devra conjuguer les efforts pour parvenir à l'éradiquer de la société.

Il a été constaté que bon nombre de gens et d'organismes engagés dans la lutte contre la corruption s'activent à dénoncer les actes de corruption et /ou leurs auteurs sans appuyer ces dénonciations des données concrètes et d'informations utiles pour la conscientisation et la sensibilisation contre ce « mal du siècle » qu'est la corruption.

Le manque de références et de terminologies communes dans cette lutte s'est révélé comme un besoin réel qu'il fallait résoudre urgemment, un vide à combler pour outiller les personnes engagées dans la lutte contre la corruption. Telle est la raison qui a milité pour l'élaboration de cette œuvre qui se veut accessible à une grande majorité.

Le présent dictionnaire se veut un outil de travail, un document de référence proposé à l'univers scientifique et à tous ceux qui consacrent leurs efforts à la prévention, au dépistage, à la sanction et à l'éradication de la corruption sous toutes ses formes.

L'importance d'un dictionnaire de la corruption est donc indéniable. Les utilisateurs potentiels privilégiés seraient les professeurs, les chercheurs, les enseignants, les parlementaires, les fonctionnaires, les magistrats, les policiers, les soldats, les sportifs, les médecins, les étudiants, les élèves, les prêtres, les pasteurs, les leaders d'opinion, les activistes des droits de l'homme et de la bonne gouvernance, et tant d'autres.

Ce dictionnaire spécialisé de plus de 1600 mots, expressions et citations, conventions et résolutions, s'avère être un instrument capital dans l'identification de cette endémie, de ses causes et effets. Vous trouverez ainsi, à travers ce document, certains termes à caractère général qui n'expliquent pas à proprement parler la corruption, ni ne sont ses synonymes, mais qui ont un rapport avec non seulement ses causes ou ses conséquences qui peuvent être pénales, politiques, physiques, morales ou psychologiques et autres, mais aussi les attitudes, actes et pratiques du corrupteur et/ou du corrompu.

Une place a été également réservée aux termes usuels que l'on rencontre dans certains pays, lesquels sont en langue locale, mais traduisent la même réalité, qu'est la corruption.

Comme tout dictionnaire, celui-ci n'a pas dérogé à la règle qui veut que l'ordre alphabétique des mots et expressions soit suivi à la lettre dans le seul souci de faciliter à ses lecteurs une bonne et rapide consultation.

Subdivisé en quinze rubriques ou thématiques, nous espérons que ce dictionnaire aidera à accroître les capacités de ceux qui sont engagés dans cette lutte et à l'émergence de la bonne gouvernance. Ce qui, sans nul doute changera également notre environnement.

Ce manuel de référence, qui vient de voir le jour, comporte un triple mérite :

- Dénoncer ce fléau qu'est la corruption en mettant à nu son CODE LANGAGIER ;
- Faciliter la recherche du mot au lieu de recourir à un dictionnaire général ;
- Permettre aux usagers de qualifier les actes corruptifs par leurs noms spécifiques.

Ce travail est le fruit non seulement de plusieurs résultats des séminaires et conférences sur la corruption, mais aussi et surtout de la consultation sur Internet et d'une lecture de plusieurs documents traitant de la corruption sous ses divers aspects.

Les différentes définitions et expressions et certains mots contenus dans ce dictionnaire ne viennent pas de nous, mais des prestigieuses études ci-dessous dont nous en remercions vivement les auteurs. Notre modeste contribution a été celle de les repérer et de les rassembler dans un même et unique document.

Voici à ce sujet, La bibliographie qui reprend quelques-uns des titres des ouvrages et travaux qui ont servi à l'élaboration de ce dictionnaire. Que ceux qui ne verront pas les leurs, repris sur cette liste, veillent bien nous en excuser.

- Le livre collectif de Robert Klitgaard, Ronald Maclean-Abaroa et H. Lindsey Parris intitulé : Villes corrompues. Du diagnostic aux remèdes, traduction française, France, 2002 ;

- Le livre de Pierre Pean ; l'argent noir, corruption et sous-développement ; Fayard, Paris, France, 1988 :
- livre collectif de Barasa k. Nyukuri, Jephtah k. Gathaka, Silas Bururia et Wilfred Nyamu intitulé : The monster called corruption, édité en 2004 à Nairobi au Kenya.
- Le livre de Robert Klitgaard intitulé : Combattre la corruption, 5è tirage, traduction française, France, 2006 ;
- L'étude de la Commission Simone Rozes intitulée : « *les propositions pour mieux lutter contre la corruption,* novembre 1994 ».
- L'étude de l'OCDE sur l'évaluation de l'efficacité dans les mesures de prévention et de lutte contre la corruption en France ;
- La note de pratique du PNUD intitulée : La lutte contre la corruption, du mois de février 2004 ;
- L'article de Mathias Emmerich, qui est fonctionnaire et président de l'Association de défense des contribuables parisiens (ADCP) intitulé : « *la corruption des élus : de l'intérêt général aux services particuliers* » ;
- L'article de Philippe Janot, doctorant à l'université de Paris II-Panthéon-Assas (France) intitulé : « *Firmes Transnationales, Corruption, État* » ;
- L'article commun de Nancy Zucker Boswell, Directrice de Transparency International USA, et Péter Richardson, conseiller auprès du secrétariat international de Transparency International, intitulé : « *lutte contre la corruption : libérer le développement économique de ses chaînes* » ;
- Les notes du cours intitulé « *Processus de corruption : corruption publique, corruption privée et trafic d'influence* du professeur Suisse Nicolas Queloz ;
- La communication du professeur Pierre Akele Adau intitulé : *le droit pénal congolais et la lutte contre la corruption (aspect pénal de la corruption)* ; tenue à l'occasion du séminaire de lutte contre la corruption, le blanchiment de l'argent sale et la criminalité transnationale du 06 au 09 septembre2002 à Kinshasa ;

- Les études du Bianco (Bureau Indépendant Anti-corruption)/Madagascar ;
- Les conventions internationales suivantes :-convention civile sur la corruption ;- convention inter-américaine contre la corruption ;-convention des nations unies contre la corruption ; -convention de l'OCDE contre la corruption ; -convention de l'union africaine sur la prévention et la lutte contre la corruption.
- Plusieurs définitions sur Internet de WIKTIONNAIRE et de WIKIPEDIA, les encyclopédies libres ;
- Le petit Larousse- Grand format édité en 1997 ;
- Le petit dictionnaire pratique des élections, 1è édition, de Ferdinand Kapanga Mutombo, 2001 ;
- Le petit dictionnaire des infractions de Pierre de Quirini s.j. mise à jour par pierre Akele Adau en 2001.

Nous avons bénéficié, pour la lecture du manuscrit de ce dictionnaire, du concours inestimable des scientifiques de différentes disciplines, des fonctionnaires, des avocats, des gestionnaires, des religieux, etc. Nous les remercions de tout cœur.

Comme tout travail humain, ce dictionnaire est loin d'être complet et parfait. Donc tout n'a pas été dit et peut-être pas bien dit, raison pour laquelle vos critiques et suggestions sont les bienvenues pour parfaire ce manuel qui n'est qu'à sa première édition.

Sylvain Musinde Sangwa
Paris, le 30 novembre 2017

PRÉFACE

Les contingences sociales issues de la crise qui sévit depuis des décennies en République Démocratique du Congo suggèrent des thèmes de recherche même les plus insoupçonnables à son intelligentsia qui s'efforce de trouver des alternatives pour des lendemains meilleurs.

Dans la crise sus-indiquée, la dimension la plus meurtrière semble être celle de crise de confiance. En effet, en milieu congolais, on fait face à l'absence de confiance à l'autre et même à soi-même. Tout paraît difficile à entreprendre, redoutable, désespéré, inaccessible par des voies légales ou ordinaires.

Dans bien de cas, c'est au « seigneur de pourvoir », d'où le fourmillement des Eglises à la foi ostentatoirement affichée, dans d'autres et c'est cela qui nous intéresse dans le présent ouvrage, c'est à l'aide d'une motivation particulière, en clair, de dessous-de-table que l'on fait agir quelqu'un contre sa conscience en vue d'assurer, mieux de s'assurer du service attendu.

En général, dans les pays en développement particulièrement, cet agissement n'est plus une simple pratique mais une coutume destinée à obtenir des services légaux. Nous parlons ici de la corruption.

C'est en vue de bien la faire connaître pour mieux la combattre que **Sylvain Musinde Sangwa** a eu la noble initiative de lui consacrer ce dictionnaire comprenant des termes clés du langage corruptionnel et fournit des définitions claires, concises et opératoires.

En effet, la corruption, une déviance décriée jour et nuit par tous, se porte malheureusement bien à travers le monde. Les publications annuelles de la Banque Mondiale relatives aux pays les plus corrompus du monde attestent notre propos. Aucun pays, riche comme pauvre, aucune organisation, soit-elle internationale, nationale ou locale n'est totalement à l'abri de ce fléau. La capacité de sa nuisance est telle qu'elle contribue largement au déclin desdites structures.

La communauté dans son ensemble est ici interpellée dans la recherche des pistes de solutions à cette épineuse question de la corruption. Comment va-t-on la minimiser voire la radier de nos sociétés ?

Telle est l'interrogation fondamentale à laquelle tente de répondre l'auteur en se livrant à un exercice tant périlleux qu'audacieux d'entrer dans un monde où tout n'est pas permis, en rassemblant et en mettant à nu les actes et pratiques, ainsi que le code langagier de la corruption. Une bonne dose de courage s'impose, et l'auteur en a fait preuve.

Le thème que l'auteur nous propose, donne véritablement la mesure de son ambition à cerner un sujet à la fois complexe et délicat, éclairant ainsi son lecteur sur tous les contours de la corruption ; allant de la pensée même de comment corrompre ou de comment être corrompu, jusqu'à l'exécution de cet acte ignoble.

Cet ouvrage que nous vous exhortons à consulter est donc un instrument de sensibilisation et de conscientisation pour tout gouvernant et gouverné, dirigeant et sujet dont le défi à relever est et reste celui de voir leurs entités se développer harmonieusement. Cet objectif ne peut être atteint que par une lutte farouche contre la corruption sous toutes ses formes.

L'essai est original. Mais il n'a pas été du tout facile pour l'auteur d'aborder ce thème qui a même curieusement indisposé les victimes de la corruption. Or, logiquement ceux-ci devraient être prêts à appuyer la recherche et à fournir des informations. La plupart se sont caractérisés par la réserve, le refus, le recul, l'abandon du combat pourtant noble, craignant des représailles. Ils se sentent déjà vaincus par ce monstre infernal, capable d'écraser tout à son passage et de faire disparaître tout celui qui ose l'affronter.

Ce dictionnaire qui est le résultat de nombreuses recherches et corrections tire son fondement autour des prestigieuses études sur la corruption dont quelques unes sont signalées par l'auteur dans son introduction. Il n'a donc pas la prétention d'apporter une solution exhaustive à chaque interrogation, ni même à les traiter toutes. Il s'efforce, néanmoins d'éclairer quelques concepts clés, de définir ou d'expliquer certains termes et autres expressions les plus usités dans la sphère de la corruption.

Dans le souci de rendre plus aisée la compréhension de son ouvrage, l'auteur s'est efforcé de classer les termes suivant leur thématique. A l'intérieur du thème, les mots sont classés selon l'ordre alphabétique, tandis que les instruments juridiques sont classés selon l'ordre chronologique. Chaque thème est suivi ou précédé par quatre citations.

Le lecteur découvrira ainsi à travers ce livre, une œuvre de l'esprit où se déploient simplicité et fécondité des visées libératrices et développementalistes, car il invite tout le monde sans exception à combattre ce mal jusqu'à son dernier retranchement et que vivent à jamais dans les nations, l'état de droit, la démocratie, les droits de l'homme, l'équité, la justice sociale, le développement, la stabilité des institutions démocratiques, la bonne gouvernance, bref toutes les valeurs fondatrices d'une société libre, juste et développée.

Sylvain SHOMBA KINYAMBA
Professeur à l'Université de Kinshasa
Directeur du Centre de recherche Chaire de Dynamique Sociale (CDS)-interface-université et société, Kinshasa.

1. Généralités

"La corruption dans les forces de l'ordre de Hong Kong est un mode de vie. Je veux dire que c'est aussi naturel que de se mettre au lit, de se lever le matin et de se brosser les dents… "

Ernest Hunt (commissaire de police de Hong Kong)

" La corruption prive les peuples d'un bien commun fondamental, à savoir la légalité : respect des règles, fonctionnement correct des institutions économiques et politiques, transparence. Le bien de la légalité est un bien commun authentique, qui a une destination universelle ".

Conseil Pontifical Justice Et Paix

"Les institutions sont la garantie du gouvernement d'un peuple libre contre la corruption des mœurs, et la garantie du peuple et du citoyen contre la corruption du gouvernement."

Antoine de Saint-Just - 1767-1794
Fragments sur les institutions républicaines

"Quand l'État est corrompu, les lois se multiplient".

Tacite

A. Définitions de la Corruption

Étymologie

Du verbe corrompre, venant du latin *corrumpere*, briser complètement, détériorer, physiquement ou moralement.

La corruption est l'utilisation abusive d'un pouvoir reçu par délégation à des fins privées comme l'enrichissement personnel ou d'un tiers (famille, ami...). Elle consiste, pour un agent public, un élu, un médecin, un arbitre sportif, un salarié d'entreprise privée..., de s'abstenir de faire, de faciliter quelque chose, du fait de sa fonction, en échange d'une promesse, d'un cadeau, d'une somme d'argent, d'avantages divers...

Pour l'assemblée parlementaire du conseil de l'Europe

La corruption c'est l'utilisation et l'abus du pouvoir public à des fins privées.

Pour la banque mondiale

La corruption c'est le fait d'utiliser sa position de responsable d'un service public à son bénéfice personnel.

Pour la commission des communautés européennes

La corruption est liée à tout abus de pouvoir ou de toute irrégularité commis dans un processus de décision en échange d'une incitation ou d'un avantage indu.

Pour la Convention civile sur la corruption

On entend par « corruption » le fait de solliciter, d'offrir, de donner ou d'accepter, directement ou indirectement, une commission illicite, ou un autre avantage indu ou la promesse d'un tel avantage indu qui affecte l'exercice normal d'une fonction ou le comportement requis du bénéficiaire de la commission illicite, ou de l'avantage indu ou de la promesse d'un tel avantage indu.

Pour la Convention des Nations Unies

- Le fait, pour toute personne physique, en son nom propre ou au nom de toute entreprise ou de toute autre personne, physique ou morale, d'offrir, de promettre ou de donner des fonds, présents ou autres avantages à un agent public ou au profit de cet agent à titre de rémunération indue pour accomplir ou s'abstenir d'accomplir ses fonctions à l'occasion d'une transaction commerciale internationale.
- Le fait pour un agent public de solliciter, d'exiger, d'accepter ou de recevoir, directement ou indirectement, des fonds, présents ou autres avantages, à titre de rémunération abusive pour accomplir ou s'abstenir d'accomplir ses fonctions à l'occasion d'une transaction commerciale internationale.

Pour la Convention européenne sur la Corruption impliquant des fonctionnaires européens ou nationaux

- Corruption passive, le fait intentionnel pour un fonctionnaire, directement ou par interposition de tiers, de solliciter ou de recevoir des avantages de quelque nature que ce soit, pour lui-même ou pour un tiers, ou d'en accepter la promesse, pour accomplir ou ne pas accomplir, de façon contraire à ses devoirs officiels, un acte de sa fonction ou un acte dans l'exercice de sa fonction.
- Chaque État membre prend les mesures nécessaires pour assurer que les comportements visés ci-dessus soient érigés en infractions pénales.
- Corruption active, le fait intentionnel, pour quiconque, de promettre ou de donner, directement ou par interposition de tiers, un avantage de quelque nature que ce soit, à un fonctionnaire, pour lui-même ou pour un tiers, pour qu'il accomplisse ou s'abstienne d'accomplir, de façon contraire à ses devoirs officiels, un acte de sa fonction ou un acte dans l'exercice de sa fonction.

Pour le conseil de l'OCDE

La corruption peut consister à offrir ou octroyer directement ou indirectement un avantage excessif, payant ou autre, à un agent public étranger ou pour son compte, en violation des obligations légales de ce dernier, afin d'obtenir ou de conserver un marché.

Pour le Conseil Épiscopal Latino-américain

La corruption est "l'obtention de services ou de biens (beneficios), par le biais de l'influence assurée par la fonction publique ou la fortune privée, et qui génèrent un enrichissement illicite".

Pour le Council of Europe Development Bank (CEB) Banque de Développement du Conseil de l'Europe

La corruption est le fait d'abuser de sa fonction ou de son poste pour en retirer un avantage personnel indu.

Pour la Direction du développement et de la coopération (DDC) de la Suisse

Est corrompu, le comportement de personnes investies de tâches publiques ou privées qui manquent à leurs devoirs dans le but d'en retirer des avantages injustifiés de nature quelconque.

Pour Fatiha Talahite

La corruption suppose une rationalité à la fois du corrupteur et du corrompu par rapport à l'objectif de chacun de réaliser un gain sur la base d'une transgression des règles communes.

Pour France Diplomatie

La corruption entendue comme « le mauvais usage du pouvoir, de l'autorité ou de fonctions publiques en vue de l'obtention d'avantages privés » est un dysfonctionnement endémique qui touche aussi bien les fonctions régaliennes de l'État que les activités économiques, sociales, culturelles. Elle atteint l'accès aux services publics (éducation, santé, énergie, eau), voire l'aide alimentaire dans les pays les plus démunis. Ses formes sont extrêmement variées, du détournement d'argent public à la rémunération.

Pour le Groupe multidisciplinaire sur la corruption du Conseil de l'Europe

La corruption est une rétribution illicite ou tout autre comportement à l'égard des personnes investies de responsabilité dans le secteur public ou le secteur privé, qui contrevient aux devoirs qu'elles ont en vertu de leur statut d'agent de l'État, d'employé du secteur privé, d'agent indépendant ou d'un autre rapport de cette nature et qui vise à procurer des avantages indus de quelque nature qu'ils soient, pour eux-mêmes ou pour un tiers ».

Pour Interpol Group of Experts on Corruption (IGEC) ou Groupe d'Experts Interpol sur la Corruption

"On entend par corruption tout accomplissement ou abstention d'un acte par un individu ou une organisation, publique ou privée, en violation de la loi ou d'une charge, afin d'en retirer un avantage pécuniaire ou autre".

Pour Daniel Kaufmann

La corruption est définie comme étant un « abus de positions publiques à des fins d'enrichissement personnel ».

Pour Millet, 1998

La corruption est un phénomène complexe et à géométrie variable. Il y a donc une difficulté à trouver un consensus sur la définition du phénomène, pourtant universellement répandu.

Pour N. JACQUEMENT

La corruption est définie comme étant un accord illégal, ou pacte de corruption, liant un agent à un corrupteur et destiné à organiser le détournement d'un pouvoir discrétionnaire. Ce pouvoir discrétionnaire est hérité par l'agent, d'un contrat de délégation conclu avec un principal.

Pour l'Organisation Anti-Corruption (OAC /RDC)

La corruption est tout abus de pouvoir ou toute irrégularité commise dans un acte de sa fonction, de son emploi ou de sa mission en échange des offres, dons ou avantage personnel indu.

Pour Ramon Diaz (Uruguay)

La corruption c'est l'art de transférer les ressources réelles des mains du grand public à celles des amis politiques de l'homme au pouvoir.

Pour Robert Klitgaard de l'Université de Harvard

Il existe plusieurs définitions de la corruption, mais on peut simplement dire que c'est l'abus d'une fonction à des fins personnelles. Cette fonction, dit-il, peut être publique ou privée, mais en général on considère la corruption comme un phénomène public. Un individu abuse de la confiance publique dont il est dépositaire pour servir ses intérêts propres ou ceux du groupe auquel il appartient. Pour comprendre les nombreuses sortes de corruption, il faut d'abord examiner la nature des situations et les personnes concernées : fonctionnaires, hommes d'affaires, particuliers ou sociétés utilisant les mêmes procédés.

Pour Transparency international

- La corruption est l'abus de pouvoir reçu en délégation à des fins privées.
- La corruption est l'abus de pouvoir au profit de l'enrichissement personnel.

Pour Vito Tanzi

La corruption est la violation intentionnelle du principe d'impartialité dans le but de retirer de ce comportement des avantages pour soi-même ou pour des personnes avec lesquelles on est en relation.

B. Corollaires de la Corruption

Acteurs-clés de la lutte contre la corruption

Institutions ou personnes les plus déterminantes et concernées dans la lutte contre ce fléau. Ce sont entre autres :

- Parlements librement élus ;
- Dirigeants aux niveaux central et local ;
- Gouvernement central ;
- Ensemble de la fonction publique ;
- Ministère de l'éducation ;
- Pouvoir judiciaire ;
- Commission anti-corruption ;
- Service de Renseignements ;
- La Police ;
- L'Armée ;
- Commissions des marchés publics ;
- Médias ;
- Organisme d'administration électoral ;
- Société civile ;
- Secteur privé.

Anti-corruption

Défavorable, opposé à la corruption.

Auteur de la corruption

Personne responsable de l'acte de corruption.

Brigade Anti-corruption

Service de police spécialisée dans la lutte contre la corruption.

Co-auteur de la corruption

Celui qui a participé à la corruption de manière directe et principale avec l'autre corrupteur, à la différence du complice.

Combattre la corruption

S'opposer fortement, farouchement à la corruption ; s'élever contre la corruption à partir de ses causes jusqu'à ses effets.

Complice de la corruption

Personne qui participe à la corruption, qui manifeste une connivence avec le corrupteur ou le corrompu.

Corrompre

Engager une personne investie d'une autorité à agir contre les devoirs de sa charge ; soudoyer.

Corrompu, e

Quelqu'un, qui se laisse corrompre, soudoyer.

Corrupteur, trice

Quelqu'un, qui corrompt.

Corruptible

Personne, qu'on peut corrompre, soudoyé.

Corruptif, ive

Situation qui cause la corruption ; pratiques corruptives.

Corruption

Utilisation et abus de pouvoir à des fins privées. Ces fins privées sont en général l'enrichissement personnel ou pour le compte de tiers.

C'est une pratique en général illicite. Elle peut concerner toute personne bénéficiant d'un pouvoir, que ce soit une personnalité politique, un fonctionnaire, un cadre d'une entreprise privée, un médecin, un arbitre ou un sportif, entre autres exemples.

Elle désigne un détournement de l'intérêt public au profit de l'intérêt privé ; elle est un phénomène moral, même si dans l'immense majorité des cas il y a intervention de l'argent. Une fonction publique s'exerce à l'avantage d'un ou de quelques particuliers plutôt que dans l'intérêt de la nation. La corruption peut exister indépendamment d'un avantage pécuniaire ; elle est universelle et multiforme.

Coût de la corruption

Conséquence, effet fâcheux de la corruption. Valeur estimée des biens et des services ; fondée sur la comparaison des revenus, pendant une période donnée.

Délit de corruption

Infraction commise par une personne ayant abusé de pouvoir pour ses fins privées et punie d'une peine correctionnelle.

Dissimuler la corruption

Cacher les traces ou tout signe de la corruption.

Économie de la corruption

Gains réalisés grâce à la pratique de la corruption.

Flagrant délit de corruption

Corruption décelée au moment où elle est en train d'être commise.

Formes spécifiques de la corruption

- corruption active et passive d'agents publics nationaux et d'agents publics étrangers ;

- corruption active et passive de parlementaires nationaux, étrangers et de membres des assemblées parlementaires internationales ;
- corruption active et passive dans le secteur privé ;
- corruption active et passive de fonctionnaires internationaux ;
- corruption active et passive de juges nationaux, étrangers et internationaux et d'agents de cours internationales ;
- trafic d'influence ;
- blanchiment du produit des délits de corruption ;
- infractions comptables (factures, écritures comptables etc.) liées à la commission des infractions de corruption.

Incorruptibilité

Qualité d'une personne qui ne peut être corrompue ; intégrité.

Incorruptible

Incapable de se laisser corrompre pour agir contre son devoir ; intègre.

Industrie de la corruption

Ensemble des activités liées ou concourant à la corruption.

Noyau dur de la corruption

Ensemble d'actes essentiels ou centraux d'une corruption. C'est par exemple : les rémunérations illicites, le trafic d'influence, les abstentions coupables des fonctionnaires et la corruption proprement dite.

Offre de la corruption

Quelque chose qui est offerte (en guise de corruption) dans le but de recevoir en retour un service.

Pacte de corruption

Accord, contrat, convention ou entente entre au moins deux personnes ; le corrupteur et le corrompu.

Le pacte de corruption a lieu surtout entre une personnalité politique et un intervenant achetant une décision politique (marché public, autorisation administrative concernant un marché à l'exploitation, une autorisation de sortie du territoire, une décoration, une autorisation de transfert de siège social, etc.)

Produits de la corruption

Biens physiques et non physiques, meubles ou immeubles, tangibles ou intangibles et tout document ou instrument juridique prouvant qu'on a des titres pour ses biens ou des intérêts dans ces mêmes biens, acquis à la suite d'un acte de corruption.

Stratégies de lutte contre la corruption

Art de coordonner des actions, de manœuvrer habilement les moyens de lutte anti-corruption afin d'atteindre l'objectif visé ; celui d'éradiquer ce mal. Ce sont entre autres *:*

- installation dans les pays des institutions démocratiques ;
- Favoriser l'émergence des contre-pouvoirs ;
- Favoriser des groupes de pression (société civile, syndicats, etc.) ;
- Éradiquer l'impunité ;
- Consacrer tous les efforts à la prévention, au dépistage, à la sanction et à l'élimination de la corruption ;
- Accorder aux travailleurs un salaire décent ;
- Adopter des mesures législatives appropriées et des mesures préventives adéquates ;
- Faciliter l'instauration d'un État de droit dans chaque pays ;
- Promouvoir la justice distributive ;
- Promouvoir une justice libre et indépendante ;

- Déréguler les dispositions encadrant le fonctionnement d'une activité économique, d'une profession, notamment sur le plan des tarifs ;
- Simplifier les procédures administratives dans l'administration publique ;
- Augmenter les salaires des fonctionnaires ;
- Probabilité d'arrêter et de sanctionner réellement les corrompus et/ou les corrupteurs ;
- Volonté politique avérée d'éradiquer la corruption ;
- Poursuites judiciaires des faits de corruption ;
- Prévention de la corruption ;
- Application pratique de la rédevabilité ;
- Renforcement de la participation du public et formation des commissions anti-corruption ;
- Renforcement des institutions nationales garantes de l'intégrité ;
- Collaboration avec la communauté internationale.

Tentative délibérée de corruption

Tentative consciente, volontaire et réfléchie de pratique de corruption.

Tentative de corruption

Essayer de soudoyer quelqu'un. Désir de poser l'acte de corruption.

Techniques de corruption

Ensemble des procédés et des méthodes ayant pour but de corrompre quelqu'un.

Victime de la corruption

Personne ou groupe de personnes qui souffrent des effets ou conséquences de la corruption.

2. TYPES DE CORRUPTION

" La corruption est aujourd'hui une source de graves préoccupations, du fait qu'elle est liée aussi au trafic de stupéfiants, au blanchiment d'argent sale, au commerce illicite des armes et à d'autres formes de criminalité ".

Conseil Pontifical Justice et Paix

"Un seul mauvais exemple, une fois donné, est capable de corrompre toute une nation, et l'habitude devient une Tyrannie".

Voltaire *(Dictionnaire philosophique)*

" En un mot, tout est à vendre, tout peut être acheté dans notre pays. Dans ce contexte, celui qui détient la plus petite parcelle de l'autorité publique l'utilise illégalement pour acquérir argent, biens, prestige, ou pour éviter toutes sortes d'obligations. Pis encore, le citoyen qui demande simplement à faire respecter ses droits les plus élémentaires est soumis à une taxe invisible qui est alors ouvertement empochée par les officiels".

Président Mobutu, Discours aux membres du Parti, 1977.

"La société civile et les médias jouent un rôle décisif dans la création et le maintien d'une atmosphère qui décourage la fraude et la corruption dans la vie publique. En fait, ils constituent indubitablement les deux facteurs les plus importants dans l'élimination de la corruption systématique des institutions publiques".

Aider les pays à combattre la corruption :
Le rôle de la Banque Mondiale
PREM, septembre 1997

Corruption active

Le fait de proposer, sans droit, directement ou indirectement, des offres, des promesses, des dons, des présents ou des avantages quelconques pour obtenir d'une personne dépositaire de l'autorité publique soit qu'elle accomplisse un acte de son mandat facilité par sa fonction, soit qu'elle abuse de son influence en vue de faire obtenir d'une autorité des distinctions, des marchés ou toute autre décision favorable.

Corruption administrative ou bureaucratique

Corruption qui a lieu au sein d'une administration.

Corruption à échelle réduite

Forme de corruption peu répandue.

Corruption à grande échelle

Forme de corruption qui gangrène tout un groupe, un corps, une société à tous les niveaux. Achat des consciences de plusieurs personnes.

Corruption banale

Corruption dépourvue d'originalité ; ordinaire.

Corruption blanche

Corruption constituée d'actes tolérés par l'ensemble de la société.

Corruption centralisée

Corruption dont le corrupteur a la capacité de regrouper les gains conjointement en recueillant les pots-de-vin.

Corruption consommée

Action de corrompre quelqu'un qui est arrivée au bout du processus.

Corruption décentralisée

Lorsque le corrupteur doit traiter à lui seul un grand nombre, au lieu d'un, des contrats (transactions) de corruption.

Corruption de fonctionnaire

Infraction concernant toute personne occupant une fonction officielle qui, sans l'exiger, touche illégalement une somme d'argent ou autre valeur pour un acte de sa fonction. Elle concerne également une personne privée qui tente de corrompre un fonctionnaire.

Corruption des procédures d'enquêtes internes

Achat des responsables chargés d'enquêter sur leurs pairs égarés, afin qu'ils gardent les dossiers sous le boisseau, retardent les investigations et pis encore, rejettent les plaintes.

Corruption grise

Actes condamnés mais avec moins d'intensité et selon un degré différent et selon les divers groupes sociaux.

Corruption de la jeunesse

Ensemble des comportements ayant attenté aux mœurs en excitant, facilitant ou favorisant, pour satisfaire les passions d'autrui, la débauche, la corruption ou la prostitution d'un mineur de l'un ou l'autre sexe.

Corruption des mœurs

Rendre mauvaises les bonnes habitudes naturelles.

Corruption des mœurs de gestion

Forme de fraude à l'ordre public qui se réalise par le moyen de la violence, en particulier de la violence morale ou par la ruse.

Corruption électorale

Emploi des moyens condamnables pour faire élire un candidat contre son devoir, sa conscience.

Corruption endémique

Corruption qui sévit de façon permanente.

Corruption en espèce

Donner ou recevoir indûment de l'argent liquide.

Corruption externe

Renvoie aux cas de corruption présumée impliquant des tiers en relation avec le service.

Corruption généralisée

Remise et réception des biens indus en nature ou en espèce à tous les niveaux de la société.

Corruption institutionnelle (ou constitutionnelle)

Fait allusion à deux genres de corruption : l'un, lorsque les dirigeants n'observent point les lois ; l'autre, lorsqu'il est corrompu par les lois ; mal incurable parce qu'il est dans le remède même.

Corruption interne

Renvoie aux cas de corruption présumée au sein même du service.

Corruption matérielle (ou en nature)

Donner ou recevoir un bien en nature non autorisé, contrairement aux règles établies.

Corruption mineure

Corruption d'une importance, d'un intérêt secondaire, accessoire.

Corruption morale

Gagner une faveur en abusant de la crédibilité de quelqu'un.

Corruption noire

Actes stigmatisés par l'ensemble de l'opinion publique et par les élites comme une violation des normes morales et légales.

Corruption passive

Le fait, par une personne dépositaire de l'autorité publique, chargée d'une mission de service public, ou investie d'un mandat électif public, de solliciter ou d'agréer, sans droit, directement ou indirectement, des offres, des promesses, des dons, des présents ou des avantages quelconques soit pour accomplir un acte de son mandat facilité par sa fonction, soit pour abuser de son influence en vue de faire obtenir d'une autorité des distinctions, des marchés ou toute autre décision favorable.

Fait pour une personne d'avoir sollicité ou reçu des offres, promesses, dons ou présents, pour poser ou s'abstenir de poser des actes relevant de sa fonction, de son emploi ou de sa mission. Cette corruption concerne les fonctionnaires, les militaires ainsi que les particuliers qui leur sont assimilés.

Corruption politique

Détournement de l'utilisation du pouvoir public dans le but d'en retirer des avantages illégaux, cela intéresse le monde politique (hommes politiques, partis politiques, élus, membres du gouvernement).

La corruption politique peut aussi se définir comme le comportement ou la conduite des fonctionnaires du gouvernement, qu'ils soient élus ou nommés, lequel va à l'encontre des normes sociales et juridiques pour ce qui est de tirer d'une charge publique un avantage personnel, légitime ou non, et même les fonds publics. Ainsi, un fonctionnaire ou un député qui, grâce à ses fonctions officielles, retirerait (que ce soit pour lui ou pour sa famille) des avantages directs en assurant des contrats à l'entreprise familiale, contreviendrait aux normes sociales et, de plus en plus, aux normes juridiques. Ces normes peuvent néanmoins changer.

Corruption privée

Mode de corruption réalisée par un employé, mandataire ou auxiliaire d'un tiers du secteur privé.

Corruption publique

Mode de corruption impliquant d'une manière directe ou indirecte un agent public pour sa réalisation.

Corruption sexuelle

Type de corruption qui fait intervenir le sexe, permettant ainsi à un homme ou à une femme de tirer profit ou faveurs tels : les services, l'emploi, l'argent et autre opportunité dans les institutions privées ou publiques.

Corruption sociale

Dépravation de la société.

Corruption systématique

Corruption dont le score d'indice de perception de demandes de pots-de-vin pour un pays est de 0, signifiant que c'est un pays très corrompu.

Corruption transnationale ou internationale

Acte d'offrir ou de donner à un fonctionnaire d'un autre État, directement ou indirectement, tout objet de valeur pécuniaire ou tout autre bénéfice, tels que les dons, les faveurs, les promesses ou les avantages en échange de la réalisation par ce fonctionnaire de tout acte ou omission dans l'exercice de ses fonctions, en liaison avec une transaction économique ou commerciale.

Grande corruption

Type plus dangereux et plus secret de la corruption ; elle s'opère à grande échelle où certains oligarques orientent la formation des normes législatives à leur profit, influent sur toutes les décisions politiques de l'exécutif et imposent leurs interprétations au système judiciaire, tout en ayant un pouvoir de pression considérable sur le quatrième pouvoir, celui de la presse.

Il s'agit de vols ou usages abusifs de ressources publiques considérables de la part d'agents de l'État — souvent membres de l'élite politique ou administrative.

Hyper corruption

Corruption extrême. Facilitation de la circulation d'argent sale et aussi des milliards qui sortent des circuits réguliers pour se concentrer dans quelques mains, échappant ainsi à tout contrôle.

Petite corruption

Type de corruption qui se pratique sur une échelle plus petite ou pot-de-vin de quelque somme d'argent que perçoit un agent public de l'État pour laisser une contravention ou faciliter quelque chose. Elle est plus répandue, mais elle est moins influente dans le cours des événements.

3. FORMES DE CORRUPTION

"Sous un bon gouvernement, la pauvreté est une honte ; sous un mauvais gouvernement, la richesse est aussi une honte."

Confucius - 551-479 av. JC - Livre des sentences

"Vous avez fort bien prouvé que l'ignorance, la paresse et le vice peuvent être quelquefois les seules qualités d'un homme d'État ; que les lois sont éclaircies, interprétées et appliquées le mieux du monde par des gens dont les intérêts et la capacité les portent à les corrompre, à les brouiller et à les éluder".

SWIFT (Jonathan)
Romancier, pamphlétaire et poète irlandais
de langue anglaise (1667-1745)

" Pour moi l'argent ne compte que par le bon usage qu'on en fait. C'est le bon usage qui donne de la valeur à l'argent".

Houphouët-Boigny

" En faisant de bonnes affaires commerciales dans un climat nauséabond de corruption, de tricherie, de vol et d'exploitation, vos ploutocrates vont réintroduire chez vous la même arrogance et la même insensibilité à la misère d'autrui qui caractérisent vos rejetons africains".

Ilunga Kabongo

Abus de fonction

Actes intentionnels consistant pour un agent public à agir en vue de prendre une décision, d'émettre une résolution ou un avis manifestement contraire à la loi et de s'abstenir ou refuser d'accomplir un acte relevant de ses fonctions, ou de l'ajourner ;

Achat de vote

Est une forme de corruption condamnée de façon presque unanime, bien que certains organisateurs de campagnes électorales et candidats semblent n'y voir qu'une façon pragmatique de faire une campagne. D'autres pratiques électorales illégales (p. ex. la contrefaçon de bulletins de vote, ou le fait de voter deux fois ou de voter à la place d'une autre personne), sont également proscrites par la loi.

« Assiette au beurre »

Consiste à offrir la réalisation de travaux publics à une circonscription électorale en échange de son soutien électoral. Elle est fréquemment décriée par les journalistes, les universitaires et les politiciens à l'esprit réformiste, mais elle demeure toujours aussi répandue. Ses opposants la condamnent parce que la planification rationnelle et les priorités nationales sont négligées au profit des intérêts locaux. Ainsi, une route peut être construite dans une circonscription, non pas par nécessité, mais simplement en guise de reconnaissance pour celui qui a voté pour le « bon parti ». D'autres soutiennent que les représentants des circonscriptions ont le devoir de veiller à leurs intérêts et que tous les partis offrent de telles récompenses. Ces pratiques reviennent à presque toutes les élections et il est peu probable qu'elles deviennent illégales, étant donné qu'il serait extrêmement difficile de déterminer avec justesse quelles promesses électorales proviennent de la pratique de l' « assiette au beurre » et lesquelles n'en sont pas.

Avantages indus

Le fait pour un agent public ou une personne qui exerce des fonctions publiques, de solliciter, directement ou indirectement, tout objet ayant une valeur pécuniaire ou tout autre avantage indu ou une somme supérieure à celle prévue par la loi, à titre d'impôt ou de contribution, de surtaxe, de droit, de traitement ou d'émoluments (voir aussi rétribution indue ou concussion).

Blanchiment

Action de blanchir de l'argent, de dissimuler, par un jeu coupable, la provenance d'argent gagné de façon illicite.

Blanchiment de l'argent sale

Pratique consistant à recycler des capitaux acquis malhonnêtement (à la suite de crime, de corruption, de pillage des ressources d'un pays par un autre, du trafic de drogue) dans les circuits économiques sains et réguliers en vue d'en occulter l'origine douteuse.

En d'autres termes, le blanchiment de l'argent sale est le fait de verser les fonds acquis d'une activité illicite dans un circuit économique sain.

Blanchiment des capitaux

Opération consistant à recycler des capitaux provenant d'activités liées au trafic de drogue ou à l'activité des organisations criminelles.

Cadeau

Chose offerte à quelqu'un.

Cadeau illicite

Quelque chose qu'on offre à quelqu'un dans le but d'obtenir un service ou un soutien de sa part, ou d'influencer une décision liée à ses fonctions.

Capture d'État

Forme de corruption poussée à l'extrême. Elle concerne principalement, non pas la petite administration mais les décideurs politiques édictant les lois et réglementations de l'État, y compris les décisions de politique étrangère.

Dans le cas de la capture d'État, la corruption a lieu bien en amont de la décision finale d'adjudication : au moment de la formation des législations réglementant la vie économique du pays. Des réglementations en faveur de l'agent économique corrupteur sont votées par le parlement, créant des barrières à la concurrence et générant des gains colossaux en toute légalité, puisque les actes de corruption ne visent plus à déterminer une loi déjà promulguée, mais à faire voter une loi favorisant un intérêt contraire à l'intérêt général.

Collusion entre des entités du secteur privé et des fonctionnaires ou politiciens pour leur bénéfice personnel et mutuel est ce que l'on entend par capture de l'État. Autrement dit, le secteur privé « capture » l'appareil législatif, exécutif et judiciaire d'un État à des fins personnelles. La capture de l'État coexiste avec la forme de corruption traditionnelle, dans laquelle des agents du secteur public exploitent le secteur privé, notamment en lui soutirant des fonds, pour leur propre profit.

Chantage

Action d'exiger de quelqu'un de l'argent ou quelque avantage en abusant d'un pouvoir quelconque, sous la menace d'une imputation diffamatoire, de la révélation d'un scandale.

Collusion

Connivence, entente secrète en vue de causer un préjudice aux tiers tout en favorisant ses proches.

Commerce incompatible

Le fait, pour des fonctionnaires ou des autorités de se livrer au commerce des produits de première nécessité (vins, boissons) dans la circonscription territoriale où ils exercent leurs fonctions.

Commission

Pourcentage qu'un intermédiaire perçoit pour un service rendu. La commission devient une pratique de corruption lorsqu'un fonctionnaire est payé par un bénéficiaire d'un service public, pour le service rendu. Ces pratiques se retrouvent de nos jours au cœur du fonctionnement administratif de plusieurs pays en développement : paiement pour accélérer les formalités administratives, la règle des 10 % ou 15 % (selon les pays) au niveau des marchés publics que le fonctionnaire reçoit, s'il réussit à faire obtenir le contrat à un particulier soumissionnaire.

Concussion

Fait, pour un fonctionnaire ou un officier public, de recevoir ou d'exiger ou de faire percevoir sciemment, à titre de droits, taxes ou salaires, des sommes non dues.

En fait, le crime de corruption se distingue du crime de concussion par la circonstance que le fonctionnaire coupable a reçu d'une personne un don ou présent que celle-ci était libre de ne pas lui faire.

Conflit d'intérêts

Forme de corruption politique, qui fait de plus en plus l'objet d'une condamnation universelle. Bien que toute corruption constitue une forme de conflit d'intérêts, l'expression renvoie à la corruption découlant d'un conflit entre les actions d'un titulaire d'une charge publique et l'intérêt public. Le fait de détenir des intérêts financiers pouvant profiter de la prise de décision d'un fonctionnaire ou d'un vote, ou d'obtenir un emploi dans le secteur privé, auprès d'une entreprise avec laquelle on a déjà fait affaire en tant que représentant officiel, en sont des exemples.

C'est aussi le fait, pour un agent public ou une autorité publique, de ne pas déclarer un intérêt privé coïncidant avec un intérêt public, cette situation étant susceptible d'influencer ses décisions.

Copinage

Pratique qui consiste à nommer à un poste de responsabilité ou simplement un emploi bien rémunéré une personne, non sur le critère de compétence, mais parce qu'elle est une amie.

Coup de pouce

Aide légère apportée à quelqu'un, souvent de façon frauduleuse.

Défaut de déclaration de patrimoine

Le fait, pour les personnes assujetties à la déclaration de patrimoine, de ne pas faire une déclaration après rappel, ou de refuser d'en faire par pure mauvaise foi.

Dénonciation abusive

Le fait d'accuser quelqu'un d'acte de corruption en sachant pertinemment que les faits sont inexistants.

Dessous de table

Forme de la corruption consistant au versement de l'argent à des responsables officiels afin qu'ils agissent plus vite, de façon plus souple et plus favorable.

Détournement

Forme de la corruption consistant à un vol de ressources publiques par des fonctionnaires.

Détournement de biens (ONU)

Acte par lequel un agent public détourne de leur destination, à son profit ou à celui de tiers, des biens meubles ou immeubles, de l'argent ou des valeurs appartenant à l'État ou à un particulier, qui ont été mis en sa possession en raison de ses fonctions à des fins de gestion, de garde ou autres.

Détournement de fonds ou d'objets

Atteinte aux droits d'autrui sur une chose ou sur des fonds, au besoin par une appropriation, en abusant de la confiance donnée par autrui.

Détournement de main-d'œuvre

Utilisation de manière frauduleuse des travailleurs placés sous ses ordres, à son profit ou au profit d'une autre personne.

Détournement supposé

Soustraction frauduleuse de quelque chose dont on a donné pour authentique, quoique faux.

Divulgation des informations

Le fait pour toute personne de divulguer ou de publier des informations confidentielles contenues dans le formulaire.

Enregistrement de dépenses inexistantes

Augmentation des charges pour justifier les sorties de fonds indus.

Enrichissement illicite

Augmentation significative du patrimoine d'un agent public que celui-ci ne peut raisonnablement justifier par rapport aux revenus perçus légitimement dans l'exercice de ses fonctions.

Ententes illicites

Tous les accords entre entreprises, toutes les décisions d'association d'entreprise et toutes pratiques concertées qui ont pour objet ou pour effet d'empêcher, de restreindre ou de fausser le jeu de la concurrence sur un marché.

Escroquerie

Action d'escroquer. Délit consistant à s'approprier le bien d'autrui par des tromperies ou des manœuvres frauduleuses. - Impression en surnombre de timbres fiscaux et autres étiquettes, pratique assez peu répandue, relativement peu coûteuse.

Exonération et franchise illégales

Le fait, pour une personne investie d'une autorité publique ou chargée d'une mission de service public d'accorder des exonérations illégales de droits, impôts ou taxes ou de donner gratuitement des produits des établissements publics.

Extorsion

Forme de corruption se traduisant par l'obtention de l'argent par la coercition ou la force.

Extorsion administrative et organisée

Demande d'argent lors des opérations administratives obligatoires où l'on exploite des imprécisions réglementaires et/ou l'impossibilité d'engager un recours administratif fiable. Montant parfois important.

Extorsion commerciale

Demande d'argent dans le cadre des marchés où l'administration dispose d'un pouvoir discrétionnaire fort et d'une capacité de nuisance élevée. Montants parfois très importants.

Extorsion quotidienne

Demande d'argent sous des prétextes fallacieux. Faibles montants.

Extorsion menaçante

Demande d'argent ou de matériel sous pression de menaces physiques sur les personnes ou les biens, montants faibles ou très importants.

Faire main basse sur quelque chose

S'emparer indûment de quelque chose. S'en emparer indûment.

Faveur sexuelle

Disposition de réclamer à quelqu'un des rapports sexuels avant de lui accorder une aide, une préférence.

Favoritisme

Le favoritisme, qui consiste à nommer et à favoriser l'avancement de fonctionnaires et autres représentants officiels d'après leur allégeance politique plutôt que leur compétence ou leur mérite, c'est une forme de corruption se traduisant par la tendance à accorder des faveurs injustes ou illégales à ses proches.

Fraude

Forme de corruption consistant à la falsification des données, des factures, la collusion, etc. Acte de mauvaise foi accomplie en contrevenant à la loi ou aux règlements et nuisant aux droits d'autrui. C'est toute action destinée à tromper.

Fraude douanière

Acte consistant à ne pas se conformer au paiement des droits de douane.

Fraude fiscale

Acte consistant à éviter ou à faire éviter les contribuables de s'acquitter de l'obligation de payer les impôts.

Fraude légale

Fraude ou irrégularité qui est favorisée par une mauvaise loi.

Fraude massive

Fraude qui se fait en grand nombre, à grande échelle.

Fraude parafiscale

Acte consistant à éviter de payer ou de sous-payer l'ensemble des taxes et des cotisations perçues, sous l'autorité de l'État, au profit d'administrations, d'organismes autonomes.

Générosité obligée

Bienveillance, indulgence obtenue de manière contraignante, forcée. Service obtenu suite à un chantage, etc.

Gratification forcée

Extorsions de l'argent au contribuable à cause de son ignorance de la réglementation fiscale.

Gratification non statutaire

Somme d'argent, donnée à un agent public, supérieure à ce qui lui est dû. Lorsqu'une faveur est faite par un agent public à un particulier et qu'il sait que cela donnera lieu à des cadeaux ("pourboires de l'agent public"), nous nous approchons plus d'une pratique de corruption. Malheureusement, il est difficile aujourd'hui de distinguer dans les administrations les cadeaux véritables (cadeaux après coup, laissés à l'initiative de l'usager) des cadeaux anticipés, sollicités ou même attendus. Dans tous les cas, cette pratique du cadeau contribue à brouiller les pistes.

Grivèlerie

Escroquerie consistant à consommer, se sachant dans l'impossibilité de payer. Délit consistant à se faire servir par un restaurateur, un cafetier un repas que l'on ne pourra pas payer.

Harcèlement

Action de soumettre quelqu'un, physiquement ou moralement, à de petites attaques réitérées, à de rapides assauts incessants, sans répit.

Infraction comptable

Présentation de comptes infidèles ou diffusion d'informations trompeuses et où la responsabilité des commissaires aux comptes est avérée.

Intervention intéressée

Action d'intervenir dans une situation quelconque parce que trouvant son compte dedans.

Laisser-faire, laissez-passer

Doctrine, expression due à Vincent de Gournay caractérisant le libéralisme économique : laissez faire les hommes et laissez passer les marchandises.

Malversation

Faute grave, généralement inspirée par la cupidité, commise dans l'exercice d'une charge, d'un mandat.

Malversation financière

Détournement de fonds dans l'exercice d'une charge.

Mécénat

Soutien naturel apporté, sans contrepartie directe de la part du bénéficiaire, à une œuvre ou à une personne pour l'exercice d'activités présentant un intérêt général.

Népotisme

Forme de corruption consistant en un abus qu'un homme en place fait de son crédit, de son influence pour procurer des avantages et autres faveurs à ses proches.

Le népotisme s'entend de l'engagement de parents ou d'amis à des postes pour lesquels ils n'ont pas nécessairement les qualifications requises, ou à l'octroi de contrats gouvernementaux pour les mêmes considérations.

Omission

Action d'omettre, de négliger ; oubli, lacune.

Omission volontaire

Omission commise dans l'intention de tricher ou de désorienter les auditeurs (contrôleurs de gestion).

Opération hors livres

Opération irrégulière consistant au non-enregistrement des opérations dans la comptabilité en vue d'éviter le contrôle.

Opération retour

Rendre une partie du montant (ou du bien) obtenu à la suite de la passation d'un marché, d'un service.

Paiement irrégulier

Pot-de-vin, commission occulte ou paiement de facilitation. Somme d'argent que quelqu'un donne en sous-main à la personne qui lui permet d'enlever le marché, de conclure un marché.

Paiements retardés

Percepteurs tirant profit des fonds en transit. Pratique assez courante, pertes légères pour l'État.

Parrainage

Soutien matériel apporté à une manifestation, à une personne, à un produit ou à une organisation en vue d'en retirer un bénéfice direct.

Les opérations de parrainage sont destinées à promouvoir l'image du parraineur et comportent l'indication de son nom ou de sa marque.

Patronage

Par un personnage puissant ou un organisme. Par extension, avantage accordé par une autorité reconnue en échange d'une faveur quelconque.

Perruque

Usage du matériel étatique pour des comptes personnels. Cette pratique est également très courante dans les administrations des pays en développement. Du mobilier au matériel bureautique (ordinateurs, chaises, photocopieuses) en passant par le matériel de transport, leur usage privé semble aujourd'hui la règle en vigueur dans les administrations publiques.

Piston

Échanges de faveur, usage de ses relations pour obtenir des services publics ou pour accéder plus facilement à un emploi. Par exemple, pour se faire établir une pièce d'identité civile avant le délai d'une semaine, il faudrait verser un pot-de-vin ou connaître quelqu'un au sein de l'administration policière. Ce comportement tend de plus en plus à devenir une règle.

Pot-de-vin

Somme d'argent ou autre faveur, offerte à une personne occupant une position de pouvoir, afin d'influencer ses vues ou sa conduite. Versement, promesse de versement ou autorisation de versement d'argent, de cadeaux, de récompenses ou d'avantages de toute nature à une tierce partie du secteur public ou privé pour la pousser à prendre ou à mettre en œuvre ou non une décision ou encore à commettre ou non un acte.

Postes achetés

Postes importants au sein des entreprises publiques ou privées attribués contre pots-de-vin.

Pourboire

Somme d'argent donné par un client à titre de gratification, en sus du prix d'un service. Petite somme d'argent offerte en remerciement d'un service.

Prête-nom

Personne immatriculant à son nom une société pour dissimuler l'identité du vrai propriétaire.

Prise d'avantage injustifié

Profiter d'une position publique pour recevoir ou conserver un intérêt ou avantage dans une entreprise ou opération économique quelconque.

Prise d'emploi prohibé

Le fait, pour un agent public chargé d'une mission de contrôle, de surveiller, au sein d'une administration ou d'un conseil d'une entreprise privée, d'exercer après cessation de ses fonctions, un mandat social ou une activité rémunérée dans cette entreprise.

Promesse

Action de promettre ; fait de s'engager à faire, à dire ou à fournir quelque chose.

Recel

Acte intentionnel consistant à dissimuler, à détenir ou à transmettre des biens meubles ou des fonds, ou à faire office d'intermédiaire afin de les transmettre (ou à les retenir), en sachant que ces biens meubles ou ces fonds proviennent de l'une des infractions établies conformément à la convention des Nations Unies.

Rétribution

On parle de "rétribution indue d'un service public" dans le cas d'une vente pure et simple de ce service public. Par exemple, une des pratiques la plus courante dans l'administration policière est celle qui consiste à payer les frais d'essence pour le déplacement de la police en cas de besoin.

Rétro commissions

Lors d'un marché à l'exportation, des jeux de surfacturation et processus de noircissement d'argent (l'inverse du blanchissement d'argent), permettent le dégagement de commissions occultes versables en argent liquide ou dans un compte occulte dans un paradis fiscal. Les rétros-commissions sont la partie des commissions occultes qui retourne au pays d'origine de versements.

Subornation de témoin

Forme de corruption entendue comme délit consistant à faire pression sur un témoin pour le déterminer à déposer en justice contrairement à la vérité.

Surfacturation

Action de surélever la nature et les prix des marchandises vendues, des services exécutés.

Trafic d'influence

Malversation imputable à ceux qui se font rémunérer pour user de l'influence qu'ils ont ou qu'ils prétendent avoir auprès des pouvoirs publics. C'est le fait d'agréer des promesses ou accepter des dons pour user de leur influence réelle ou supposée afin de faire ou de tenter de faire obtenir certains avantages des décorations, médailles, distinctions ou récompenses, des places, fonctions ou emplois ou des valeurs quelconques accordées par l'autorité publique. C'est aussi le fait de tenter de faire gagner des marchés, entreprises ou autres bénéfices résultant de traités ou d'accords conclus soit avec l'État, soit avec une société étatique, parastatale ou d'économie mixte.

Cette énumération n'est pas exhaustive. Le trafic d'influence peut avoir pour but d'obtenir une autorisation, le classement de plaintes ou procès-verbaux, une transaction avec l'administration des douanes ou des contributions. L'infraction est parfaitement constituée même si la décision favorable sollicitée est juste et régulière : nomination ou avancement d'une personne présentant les qualités ou remplissant les conditions requises, etc.

Il se distingue de la corruption en ce que la proposition, la sollicitation ou l'acceptation d'avantages indus ne vise pas directement à l'accomplissement ou au non accomplissement d'un acte, mais, plus indirectement, à abuser de son influence réelle ou supposée pour que cet acte soit ou ne soit pas accompli.

Le trafic d'influence est aussi le fait, pour une personne (qui ne fait pas nécessairement partie du gouvernement), de proposer de se servir de son influence auprès du gouvernement pour en faire profiter une autre, en échange d'une récompense. C'est la zone grise en quelque sorte de la corruption, non pas parce que l'on ne s'entend pas sur le principe, mais parce qu'il est difficile de définir dans la pratique en quoi consiste une influence légitime. Si l'on tente d'influencer le parlement par une pétition ou si l'on se présente aux audiences d'un comité législatif, ces pratiques sont légitimes, tout comme le sont les tentatives pour influencer un parlement ou un conseil de ville, au moyen de manifestations publiques, quoique cette dernière forme d'influence soit généralement plus controversée.

Toutefois, si un ministre favorise une loi sur l'exploitation minière, parce qu'elle va dans l'intérêt de la compagnie d'un vieil ami ou de sa province d'origine, ou s'il fait la promotion de politiques fiscales pour venir en aide à un ami manufacturier, il y a lieu de s'inquiéter, même si le ministre n'en tire aucun avantage personnel. Ce sont là des exemples de réseaux de « vieux amis » qui font que des décisions politiques se prennent non pas pour un avantage personnel, mais pour le bénéfice de ceux qui partagent les mêmes valeurs sociales et économiques que le ministre.

Trafic d'influence (Convention des Nations Unies)

Acte intentionnel par lequel un individu promet, offre ou accorde (sollicite ou accepte), directement ou indirectement, tout avantage indu, de quelque nature que ce soit, pour obtenir d'un agent public ou de toute autre personne, qu'il (ou qu'elle) abuse de son influence réelle ou supposée en vue de faire obtenir d'une administration ou d'une autorité publique de l'État, tout avantage indu ou toute décision favorable, pour lui-même (ou elle-même) ou pour toute autre personne.

Trafic d'influence par une personne privée (Convention des Nations Unies)

Acte ou omission de toute personne qui, elle-même, par personne interposée ou comme intermédiaire, cherche à obtenir des pouvoirs publics une décision dont serait illicitement tiré, pour elle-même ou pour un tiers, un avantage ou un bénéfice quelconque.

Tribut ou péage

Contribution forcée par une autorité supérieure. Les commerçants importateurs racontent souvent que pour éviter les "tracasseries" (les contrôles consistant à fouiller le véhicule) de la douane, le chauffeur devrait disposer d'une somme cotisée par l'ensemble des voyageurs, pour acheter le "regard" des douaniers.

4. EXPRESSIONS ET TERMES DÉSIGNANT LA CORRUPTION

"Investir dans un pays relativement corrompu peut coûter jusqu' à 20% de plus que dans un pays qui ne l'est pas".

Daniel Kaufmann

"Posons que cette liberté du jugement peut être comprimée et qu'il est possible de tenir les hommes dans une dépendance telle qu'ils n'osent pas proférer une parole, sinon par la prescription du souverain ; encore n'obtiendra-t-il jamais qu'ils n'aient de pensées que celles qu'il aura voulues ; et ainsi, par une conséquence nécessaire, les hommes ne cesseraient d'avoir des opinions en désaccord avec leur langage, et la bonne foi, cette première nécessité de l'État, se corromprait ; l'encouragement donné à la détestable adulation et à la perfidie amènerait le règne de la fourberie et la corruption de toutes les relations sociales".

Spinoza (Baruch)
Philosophe hollandais (1632-1677)|

"Je brandirai bien haut l'épée de la justice pour lutter contre la corruption".

Moubarak, lors de son discours d'investiture,
le 14 octobre1981

"La lutte contre la corruption commence par arrêter de donner des bonbons aux enfants pour qu'ils vous sourient".

Patrick Sébastien
[Carnet de notes (2001)]

Ensemble des mots considérés dans leur valeur de désignation de la corruption.

Argent accélérateur

Expression désignant la corruption, en ce sens qu'il fait progresser rapidement quelqu'un, bien que cela soit dans le mal.

Argent facile

Qu'on obtient sans peine, qui exige peu d'efforts.

Argent noir

Argent obtenu par le biais de la corruption ou à partir d'une activité illicite.

Argent sale

Ensemble des capitaux acquis malhonnêtement à la suite de crime, de la corruption, du pillage des ressources d'un pays par un autre, du trafic de drogues issues d'une activité illicite.

Arme secrète

Moyen invisible pour atteindre un objectif visé. Ex. la corruption étant une arme secrète est essentielle pour gagner la guerre économique.

Arreglo (Philippines)

Concept signifiant que les contrôleurs et contribuables peuvent s'entendre pour abaisser les taux d'imposition. Pratique très répandue et portant sur de grosses sommes. Le contribuable impliqué y gagne, mais les contribuables honnêtes y perdent et le manque à gagner de l'État se chiffre en millions de pesos.

Arroser

Verser de l'argent à quelqu'un pour obtenir une faveur.

Article 15

Utilisé en République Démocratique Congo, signifiant se débrouiller pour vivre, souvent par des procédés peu recommandables.

Aspects culturels de la dépense

Expression euphémique désignant la corruption, souvent utilisée dans le discours officiel au Viêt-Nam.

Avocat

Terme congolais (République Démocratique du Congo) utilisé pour traduire l'argent que l'on donne en sous-mains pour être rapidement servi (par exemple en cas de rareté des vivres frais dans des chambres froides) ou bénéficier d'une faveur quelconque.

Bakchich

Terme familier désignant la corruption utilisée dans l'empire Ottoman. On l'utilise aussi pour « pourboire », pot-de-vin.

Bas de laine

- (Vieux) Bas dans lequel on plaçait l'argent lorsque l'on voulait éviter de se le faire voler. Employé surtout lorsque les institutions bancaires n'étaient qu'à leur début.
- (Par extension) Endroit sécuritaire et connu uniquement de la personne détenant l'argent ou le bien placé à cet endroit.
- (Par extension) Réserve d'argent non placée à la banque.

Beta libanga

Tailler dans une pierre, expression lingala (République Démocratique Congo) signifiant faire n'importe quoi pour réussir, pour atteindre son objectif pour avoir de l'argent, etc. ;

comme quoi » seule la fin justifie les moyens » comme l'a dit Machiavel.

Bongisa journée na yo

Expression lingala de la République Démocratique du Congo signifiant « arrange ta journée ».

Brancher

Obtenir sous la main quelque chose moyennant un service ou un soutien (Cfr. élection sénatoriale et des gouverneurs des janviers et février 2007 en République Démocratique du Congo).

Etre tenu informer d'une opération ou d'un réseau en vue d'y adhérer.

Cahoua

Mot arabe qui veut dire café, euphémisme utilisé pour désigner un pot-de-vin dans les pays du Maghreb.

Colis

Terme usuel congolais (République Démocratique Congo) dans beaucoup de milieux pour obtenir une promotion, une faveur ou un avantage quelconque.

Cool

Se dit de quelqu'un qui est coopérant, très compréhensif dans le sens de laisser-faire.

Coop

Un terme désignant la corruption en République Démocratique Congo, il tire son origine du mot coopération. Il exprime l'idée qu'un individu en quête d'argent, recourt à la débrouille pour résoudre ses problèmes de survie quotidienne, et s'en va à la recherche d'un ou de plusieurs partenaires et des clients désireux de bénéficier d'un service, d'une facilitation que ces derniers sont prêts à rémunérer. Dans cette acception, la coop peut aussi être une magouille, voire un vol, conçu comme une activité régulière, assimilable à la chasse.

Côtes sexuellement transmissibles

Points obtenus par des étudiantes après s'être livrées sexuellement aux professeurs dans le but de réussir leurs études universitaires.

Coupage

Gratification remise à un journaliste par une tierce personne lors d'un reportage, interview qui l'engage moralement.

Cours à côté du bus

Dicton de Hong Kong signifiant peu importe si tu refuses la corruption, mais ne t'en mêle pas.

Cuissage (droit de)

Droit qu'avaient possédé certains seigneurs de passer avec la femme d'un serf la première nuit de ses noces.

Faveurs accordées moyennant le sexe.

Dièse

Terme utilisé en Europe pour signifier un montage d'un scénario permettant à quelqu'un qui attend dans un pays étranger d'obtenir facilement le droit d'asile politique.

Enveloppe

Terme congolais (République Démocratique Congo) désignant la corruption et ayant la même signification que colis.

Faux tête (faux mutu)

Expression congolaise (République Démocratique Congo) provenant de **faux type** qualifiant quelqu'un qui paie difficilement un service qu'on lui a rendu.

Fermer les yeux

Laissez-passer quelque chose ou quelqu'un tout en sachant que c'est illégal ou irrégulier. Souvent si on est corrompu.

Gillette

Marque de rasoir, terme qu'on utilise en (République Démocratique Congo) pour désigner le corrupteur qui bloque la promotion, le voyage ou l'épanouissement de la tierce personne (adversaire).

Gombo

Terme de corruption au Cameroun pour désigner le fait de monnayer un service normalement gratuit.

Graisser la patte à quelqu'un

Donner l'argent à quelqu'un pour obtenir un service, une faveur, le soudoyer.

Kanyaka

Terme lingala (République Démocratique Congo) signifiant corruption.

Katamilomo

Terme swahili (République Démocratique Congo) signifiant couper les lèvres « Faire taire » est utilisé pour désigner la corruption.

Kipe ngai

Terme lingala (République Démocratique Congo), signifiant « occupe-toi de moi », utilisé par la personne qui sollicite une gratification après un service rendu.

Kleptocratie ou cleptocratie

Terme péjoratif désignant un système politique où une ou des personnes à la tête d'un pays pratiquent, à une très grande échelle, la corruption.

Généralement, ces personnes pratiquent le blanchiment d'argent, de manière à dissimuler l'origine de leur richesse.

Kleptomanie ou Cleptomanie

Impulsion pathologique qui pousse certaines personnes à voler.

Klokkenluiden

Verbe Néerlandais qui exprime l'action par laquelle un (ancien) membre d'une organisation dévoile des informations, sans avoir été chargé ou autorisé à le faire, ou les porte à la connaissance du public dans le but d'attirer l'attention sur un abus dont il a pris connaissance dans le cadre de l'exercice de ses fonctions antérieures.

Klokkenluider

Terme néerlandais qui désigne, selon le dictionnaire Van Dole, une personne qui dénonce publiquement des abus constatés dans son entreprise ou organisation. Ce terme a été imaginé en 1987 par un étudiant de l'université de Leiden, Marc Bovens.

Ko bukana te

Expression lingala de la République Démocratique du Congo signifiant : « sois souple », c'est-à-dire ne te montre pas avare.

Kofina

Terme lingala (République Démocratique Congo), signifiant « presser », utilisé pour signifier l'argent remis par un corrupteur calmement sous la main, à l'insu de l'entourage.

Lagay (Philippines)

Graissage de pattes et paiements en échange de dossiers ou d'autorisations normalement gratuits. Très courants, sommes modestes. Gain pour le contribuable impliqué, mais perte pour l'ensemble des contribuables.

Lembisa

Terme lingala (République Démocratique Congo) signifiant lâcher, assouplir. Il est utilisé dans le sens de demander a celui qui détient une décision sur quelque chose ou sur quelqu'un de l'assouplir ou de libérer carrément.

Lembisa loboko

Expression lingala de la République Démocratique du Congo signifiant « allège la main », c'est-à-dire « sois prodigue ».

Loboko flambeau

Expression lingala de la République Démocratique du Congo signifiant « avoir une main dure, être avare ».

Lomba

Terme swahili (République Démocratique Congo) signifiant demander, mais utilisé en langue Lingala pour signifier donner, faire cadeaux d'une somme d'argent.

Maboko makaku ou Maboko makasi

Terme lingala (République Démocratique Congo) signifiant lâcher et se traduisant par « mains fermées », se dit de quelqu'un qui ne tend pas la main, qui est chiche.

Madesu ya bana

« Haricots pour enfants », terme congolais (République Démocratique Congo) désignant la somme d'argent obtenue illicitement pour assurer la nourriture des enfants.

Mange-mille

Terme désignant le policier africain véreux et facilement corruptible.

Mani pulite (Mains propres)

Nom d'une opération judiciaire lancée en 1992 contre la corruption du monde politique italien et qui a abouti à la disparition de partis comme la Démocratie chrétienne (DC) et le Parti socialiste italien (PSI). Le système de corruption et de pots-de-vin ainsi découvert fût baptisé Tangentopoli (de tangente, pot-de-vin, et de poli, ville en grec).

Matabishi

Terme swahili (République Démocratique Congo) signifiant un pourboire, une récompense.

Mbote ya likasu

« Salutations à la noix de cola » (République Démocratique Congo). Le likasu ne se donne jamais au su et au vu de tout le monde. (Voir kofina). L'argent remis par un corrupteur calmement sous la main, à l'insu de l'entourage.

Monte dans le bus

Dicton de Hong Kong signifiant si tu acceptes d'entrer dans le jeu de la corruption, joins-toi à nous.

Motivation

Ensemble des motifs qui expliquent un acte. En République Démocratique Congo, on l'utilise à la place de pourboire en vue d'accélérer un dossier ou une situation qui est bloquée.

Mulambu

Terme luba (République Démocratique Congo) signifiant offrande, sacrifice, tribut pour les esprits ou les chefs. Péjorativement, « mulambu » peut traduire un cachet qu'un subalterne peut offrir à son chef sans qu'il le lui demande, en guise de reconnaissance, pour mériter sa confiance ou apaiser ses états d'âme (colère,...).

Na kolia yo ?

Expression lingala de la République Démocratique du Congo signifiant « c'est toi que je vais manger ? »

Ne te mets jamais devant l'autobus

Dicton de Hong Kong signifiant si tu tentes de signaler un acte de corruption, l'autobus te renversera et tu seras blessé, voire tué, ou ce sera la fin de ton commerce. D'une façon ou d'une autre, on t'aura.

Ningana

Expression lingala de la République Démocratique du Congo signifiant « bougez «

Opération retour

Rendre une partie du montant (ou du bien) obtenu à la suite de la passation d'un marché, d'un service.

Pajerocratie

Mot inventé par les camerounais pour désigner la corruption, référence faite à l'apparition de grosses voitures japonaises PAJERO dans les rues de Douala.

Papa aye, nzala isili !

Expression Congolaise (RDC), se traduisant en français de la manière suivante : « Papa est arrivé, plus de faim », c'est un accueil qui a le sens d'une demande maligne formulée à l'endroit de quelqu'un qui vient d'arriver ou qui vient de rentrer en vue de le pousser à débourser quelque chose.

Parapluie

Protection assurée par une personne puissante à ses protégés

Partager le gâteau

Participer aux bénéfices d'une affaire.

Passager clandestin (ou cavalier libre)

Agent économique utilisant un bien économique tout en évitant de participer à son financement.

Passe-droit

Avantage qu'on accorde à quelqu'un contre les règlements ; c'est aussi l'injustice qu'on fait subir à quelqu'un en lui préférant, pour un grade, pour un emploi, pour une récompense, une personne qui a moins de titres que lui par l'ancienneté ou par les services et le mérite.

Faveur qu'on accorde contre le droit, le règlement, contre l'usage ordinaire.

Payola

(De pays, en anglais payer, et Victrola, marque de platines de disques) : terme désignant la corruption des années 1950 aux États-Unis, dans laquelle les D.J. des radios se faisaient payer (des sommes minimes) pour passer des titres nouveaux d'artistes peu connus.

Pesa munu passage

Littéralement cette expression en langue kongo de la République Démocratique Congo signifie « Ouvrez-moi le passage ». Le corrupteur l'utilise moyennant prébendes pour une solution rapide à son problème.

Politique du ventre

Expression camerounaise désignant la corruption.

Promotion canapé

Progression en grade qu'un homme ou une femme, travaillant dans une entreprise publique ou privée, obtient en couchant avec ses supérieurs hiérarchiques.

Renvoyer l'ascenseur

Répondre favorablement à quelqu'un qui vous a rendu un service par une action comparable.

République bananière

Expression péjorative pour décrire un pays dirigé par un gouvernement corrompu.

Au Canada, l'expression courante est « république de bananes ».

Sima ya ndako

Terme lingala (République Démocratique Congo) signifiant littéralement « derrière la maison », c'est-à-dire un acte impropre traduisant la corruption qui est posé loin des yeux attentifs.

Simba ngai

(Soutiens-moi) : Terme lingala (République Démocratique Congo) utilisé par celui qui exige à un autre de le soutenir financièrement en lui remettant un peu d'argent.

Solola bien

Expression lingala (République Démocratique Congo) signifiant « Fais-moi une bonne causerie », tirée de l'album de l'artiste musicien WERRA SON .Désigne ici tout corrompu qui sollicite d'un corrupteur une enveloppe pour qu'une solution soit donnée à son problème..

Sonneur d'alarme

Se dit de quelqu'un, qui voyant un danger ou un abus venir, attire l'attention des responsables pour le prévenir ou l'éviter tout simplement.

Soudoyer

S'assurer le concours de quelqu'un à prix d'argent ; corrompre.

Tangentopoli

(De tangente, pot-de-vin et de poli, ville en grec). Ville de pot-de-vin ou ville de corruption. (Cfr. *Mani pulite).*

Taxi

Terme utilisé en République Démocratique Congo dans le domaine du sport consistant en une corruption de policiers ou de militaires postés aux stades lors d'un match de football. Ces derniers, après avoir perçu la somme d'argent indûment, accompagnent leurs corrupteurs jusque dans les gradins.

Tia nga na temps

Expression lingala (République Démocratique Congo) « Mets-moi à l'heure » se traduisant par : « Ne m'oublie pas ! ». « Motive-moi ! » signifiant tout simplement une motivation, un Pour-boire.

Tosilana

Expression lingala (République Démocratique Congo) signifiant « convenons-nous bien !» Pressant l'autre partie de s'acquitter immédiatement après l'opération au lieu de tirer les choses en longueur ou de faire traîner le payement d'un service rendu, souvent d'une manière illégale.

Whistleblower

(Liberté d'alerte par des employés), Terme servant à désigner, aux États-Unis, l'informateur des abus constatés dans son entreprise ou organisation.

Yaka lobi

Terme lingala (République Démocratique Congo) signifiant »viens demain », utilisé pour amener la personne à qui on a demandé de revenir demain, de donner un pot-de-vin pour qu'on traite son cas urgemment.

Ya kukauka

« Quelque chose de sec » Expression lingala (République Démocratique Congo) utilisée par quelqu'un qui veut être servi (corrompu) exclusivement en monnaie liquide (en espèces) et non en nature ou par chèque.

Zokisa pota

Terme lingala (République Démocratique Congo), signifiant « blesse quelqu'un », utilisé dans le langage des corrupteurs pour exprimer le cas où le corrompu s'attend à une grande gratification.

5. ACTES ET PRATIQUES DE LA CORRUPTION

"Les comportements illicites fleurissent quand les agents ont sur les usagers un pouvoir exclusif, quand ils disposent d'une grande marge de pouvoir discrétionnaire et quand leur responsabilité devant le chef est faible. D'où cette équation : corruption = monopole + pouvoir discrétionnaire-responsabilité".

Robert Klitgaard (Combattre la corruption),
France, 2006.

"Perversion et corruption se cachent souvent sous le masque de l'ambiguïté. Je déteste l'ambiguïté et ne lui accorde aucune confiance".

John Wayne

"Je m'emploierai à combattre l'intolérance, l'exclusion, l'impunité, l'immoralité politique qui sont les germes des conflits. La lutte contre la corruption constitue un élément prioritaire pour autant qu'il s'agit d'un fléau".

Président Joseph Kabila (R.D.C.)
Discours d'investiture en sa qualité
de premier président élu de la IIIe République
en date du 07 Décembre 2007

"Telle est la différence entre la corruption et la barbarie : l'une est plus féconde en vices, et l'autre en crimes".

Antoine Rivaroli, dit comte de Rivarol

- Sollicitation ou acceptation, de manière directe ou indirecte, par un agent public ou par toute autre personne, de tout bien ayant une valeur monétaire, ou de tout autre avantage, tel qu'un don, une faveur, une promesse ou un profit pour lui-même ou pour une autre personne ou entité, en échange de l'accomplissement ou de l'omission d'un acte dans l'exercice de ses fonctions ;
- Offre ou octroi à un agent public ou à toute autre personne, de manière directe ou indirecte, de tout bien ayant une valeur monétaire, ou de tout autre avantage, tel qu'un don, une faveur, une promesse ou un profit pour lui-même ou pour une autre personne ou entité, en échange de l'accomplissement ou de l'omission d'un acte dans l'exercice de ses fonctions ;
- Accomplissement ou omission, par un agent public ou toute autre personne, d'un acte dans l'exercice de ses fonctions, aux fins d'obtenir des avantages illicites pour lui-même ou pour un tiers ;
- Détournement par un agent public ou toute autre personne, de biens appartenant à l'État ou à ses démembrements qu'il a reçus dans le cadre de ses fonctions, à des fins n'ayant aucun rapport avec celles auxquelles ils sont destinés, à son propre avantage, à celui d'une institution ou encore à celui d'un tiers ;
- Offre ou don, promesse, sollicitation ou acceptation, de manière directe ou indirecte, de tout avantage non justifié accordé à une personne ou proposé par une personne occupant un poste de responsabilité ou tout autre poste dans une entité du secteur privé. Et ce, pour son propre compte ou celui d'une autre personne, en échange de l'accomplissement ou de l'omission d'un acte, contrairement aux exigences de ses fonctions ;
- Offre, don, sollicitation ou acceptation, de manière directe ou indirecte, ou la promesse d'un avantage non justifié à une personne ou par une personne affirmant ou confirmant qu'elle est en mesure d'influencer irrégulièrement la décision d'une personne exerçant des fonctions dans le secteur public ou privé. En contrepartie

de cet avantage, que celui-ci soit destiné à elle-même ou à une autre personne, ainsi que la demande, la réception ou l'acceptation de l'offre ou de la promesse d'un tel avantage, en contrepartie d'une telle influence, que celle-ci ait été oui ou non effectivement exercée ou qu'elle ait été oui ou non déterminante pour obtenir le résultat escompté ;

- Enrichissement illicite ;
- Usage ou dissimulation du produit de l'un quelconque des actes visés ci-haut ;
- Participation en tant qu'auteur, co-auteur, intermédiaire, instigateur, complice avant ou après, de quelque manière que ce soit, à la commission ou à la tentative de commission, ou encore à toute manœuvre ou entente délictueuse visant à commettre tout acte visé ci-haut.
- Le fait, pour un agent public, de solliciter ou d'accepter, directement ou indirectement, tout bien ayant une valeur pécuniaire ou tout autre avantage, par exemple un cadeau, une faveur, une promesse ou un gain, à titre personnel ou pour autrui, qu'il s'agisse d'une personne physique ou morale, en contrepartie d'un acte ou d'une omission dans l'exécution de ses fonctions publiques ;
- Le fait d'offrir ou d'octroyer, directement ou indirectement, à un agent public, tout bien ayant une valeur pécuniaire ou tout autre avantage, par exemple un cadeau, une faveur, une promesse ou un gain pour lui-même ou pour autrui, qu'il s'agisse d'une personne physique ou morale, moyennant qu'il commette un acte ou s'abstienne d'en commettre dans l'accomplissement de ses fonctions publiques ;
- Le fait, pour un agent public, de commettre un acte ou de s'abstenir d'en commettre dans l'exercice de ses fonctions publiques en vue d'obtenir de manière illicite des avantages à titre personnel ou pour un tiers ;
- Le détournement par un agent public vers un organisme indépendant ou à un particulier, à des fins n'ayant aucun rapport avec celles pour lesquelles ils étaient destinés, mais à son profit ou à celui d'un tiers, de tout bien

meuble ou immeuble, de capitaux ou de valeurs appartenant à l'État, qui lui auront été confiés en vertu de ses fonctions pour qu'il en assure l'administration ou la garde ou pour toute autre raison ;

- Le fait d'offrir, de donner ou de promettre, directement ou indirectement, un avantage indu à toute personne qui dirige un organisme du secteur privé ou est employé par ce dernier en quelque qualité que ce soit, ou le fait, pour cette personne, de solliciter ou d'accepter cet avantage indu, directement ou indirectement, à titre personnel ou pour autrui, moyennant qu'elle agisse en contravention de ses devoirs ou s'abstienne d'agir ;
- Le fait d'offrir ou d'octroyer, directement ou indirectement, ou de promettre un avantage indu à toute personne qui déclare ou affirme qu'elle est capable d'exercer, par des pratiques irrégulières, une influence sur la décision de toute personne exerçant des fonctions dans les secteurs public et privé, que cet avantage indu lui soit destiné ou à quelqu'un d'autre ; ou le fait, en ce qui concerne la personne qui fait cette déclaration ou affirmation, de solliciter ou d'accepter cet avantage indu, directement ou indirectement, ainsi que le fait de demander, recevoir ou accepter l'offre ou la promesse de cet avantage qui découlerait de cette influence, que cette dernière soit effectivement exercée ou non, ou que cette influence supposée mène aux résultats escomptés ou non ;
- L'utilisation ou l'occultation frauduleuse de biens tirés de l'un des actes visés au présent article ;
- Le fait de participer en tant qu'auteur principal, associé, instigateur, complice ou complice après le fait ou de toute autre manière à la perpétration ou à la tentative de perpétration de l'un quelconque des actes mentionnés au présent article ou à une association ou conspiration formée en vue de le perpétrer. ; le fait d'offrir, de donner, de recevoir ou de solliciter, directement ou indirectement, des dons, promesses ou faveurs dans le but d'influencer indûment les décisions d'une autre partie ;

- Tout acte ou omission, y compris une présentation mensongère, destiné à tromper ou tenter de tromper, sciemment ou non, une autre partie dans le but d'obtenir un avantage financier ou autre ou de se soustraire à une obligation ;
- Arrangement entre deux ou plusieurs entités dans le but d'atteindre une finalité indue, et notamment d'influencer indûment les décisions d'une autre partie ;
- Le fait de léser ou de menacer de léser, directement ou indirectement, toute partie de ses biens ou des personnes étroitement liées à une partie, dans le but d'influencer indûment les décisions de cette dernière.

Abdiquer

Renoncer à une fonction, un pouvoir, renoncer à agir ; abandonner. Position qu'adopte un corrompu suite à l'accord conclu avec le corrupteur ou son mandataire.

Alibi

Moyen de défense par lequel un suspect, un accusé prouve sa présence, au moment d'un crime, d'un délit, en un autre lieu que celui où celui-ci a été commis. Ce qui sert de prétexte, d'excuse.

Allié, e

Uni par un traité, uni par alliance, qui aide, appuie,
Complice dans le bien ou le mal.

Acquisition des biens au-delà de ses revenus

Fait d'avoir des biens meubles et immeubles qui soient largement au dessus de ses moyens matériels et financiers ou qui sont manifestement disproportionnés avec ses revenus ordinaires.

Acte délictueux

Action constituant un délit.

Activité illicite

Action interdite par la morale ou par la loi.

Affaire de sous

Question d'argent, de beaucoup d'argent.

Affaire pourcentage

Obtenir en contrepartie de l'argent ou des biens indus dont on a facilité la réalisation.

Agiotage

Spéculation frauduleuse sur les fonds publics, les charges, les valeurs mobilières.

Ensemble de manœuvres destinées à provoquer, en vue d'un profit, des hausses et des baisses artificielles de valeurs ou de marchandises.

Agir

Entrer ou être en action ; faire quelque chose.

Agir ou s'abstenir dans l'exécution de fonctions officielles

Utilisation qui est faite de la position officielle de l'agent public, que cette utilisation relève ou non des compétences conférées à cet agent.

Agréé, e

Acte qui a reçu l'agrément d'une autorité ou reconnu conforme à certains règlements. Ex. l'autorité agrée un paiement indu.

Agréer

Recevoir favorablement ; accepter, approuver. Ex : agréer une demande de pot-de-vin.

Agréer les offres

Corruption d'un agent public consistant à accepter un bien ou un avantage en vue de réaliser un devoir alors qu'on est censé faire gratuitement.

Agréer les promesses

Acte de corruption d'un agent public se traduisant par l'acceptation d'un service à rendre sur base des avantages promis.

Agrément

Fait d'agréer, de consentir à quelque chose, à la corruption par exemple.

Amputer

Pratiquer une amputation ; Retrancher une partie d'un tout.

Annihilation

Action d'annihiler ; son résultat.

Annihiler

Réduire à rien, détruire, anéantir, paralyser la volonté de quelqu'un.

Antidate

Date inscrite antérieure à la date réelle.

Antidater

Apposer une antidate sur.

Antidémocratique

Opposé à la démocratie.

Antiéconomique

Contraire à la bonne gestion économique.

Antipatriotique

Contraire au patriotisme.

Antipatriotisme

Attitude antipatriotique.

Antisocial, e, aux

Contraire à l'amélioration des conditions sociales du travail. Qui s'oppose à l'organisation de la société, à l'ordre social.

Apathie

État, caractère d'une personne apathique.

Apathique

Personne qui fait preuve d'un manque de réaction, de volonté, d'énergie ; indolent, passif.

Apathiquement

De façon apathique.

Appauvrir

Rendre pauvre.

Appauvrissement

Action d'appauvrir ; fait de s'appauvrir.

Apocalypse

Catastrophe épouvantable.

Apocalyptique

Situation ayant le caractère d'une catastrophe ; catastrophique, épouvantable.

Argument

Preuve, raison qui appuie une affirmation, une thèse, une demande.

Argumentaire

Ensemble d'arguments à l'appui d'une opinion.

Argumentateur, trice

Personne qui aime argumenter.

Argumentatif, ive

Concernant l'argumentation.

Argumentation

Action d'argumenter ; ensemble d'arguments.

Argumenter

Présenter des arguments, une argumentation sur, contre quelqu'un, contre quelque chose.

Arme

Moyen quelconque d'attaque, de lutte. Ex. Avoir pour seule arme, la corruption.

Armer

Donner à quelqu'un les moyens d'affronter une situation, d'y faire face.

Armer (s')

Faire Provision de, se munir de. Exemple : S'armer jusqu'aux dents…de patience.

Arraché (à l')

Obtenir grâce à un effort violent, et souvent de justesse.

Arracher

Obtenir avec peine, de force ou par ruse.

Arrangement

Accord amiable conclu entre deux parties.

Arrangement illicite

Accord amiable illégal et secret conclu entre deux parties.

Arranger

Satisfaire les attitudes de quelqu'un. Etre acceptable mutuellement.

Arriviste

Personne qui veut réussir à tout prix ; ambitieux sans scrupules.

Artifice

Procédé ingénieux, habile pour tromper ; ruse.

Artificieusement

Avec artifice ; par la ruse.

Artificieux, euse

Use d'artifices ; rusé, hypocrite.

Asocial, e, aux

Inadapté aux normes sociales ; personne qui manifeste le refus de s'y adapter.

Asphyxie

Blocage, arrêt d'une activité, d'une fonction essentielle ; paralysie.

Assentiment

Acte par lequel on approuve quelque chose ; consentement, accord.

Assignation

Action d'assigner quelque chose à quelqu'un.

Assigner

Affecter un bien, des fonds.

Association de malfaiteurs

Réunion en une bande d'individus dans le but de voler les biens des gens ou de s'attaquer à leur personne.

Austérité

Sévérité, rigorisme des mœurs, de comportement. Absence de tout ornement, de toute fantaisie.

Avantage illicite

Gain ne résultant pas d'un acte juridique ou d'une disposition légale.

Avantage indu

Gain non mérité.

Avoir illicite

Ensemble des biens qu'on possède, mais acquis de manière malhonnête.

Bordereau de vente en détaxe

Un des délits corruptifs où on a le visa frauduleux avec ou sans contrepartie.

Boule de neige (vente à la)

Procédé frauduleux de vente publicitaire consistant à lier la livraison d'une marchandise au placement par l'acheteur d'une série de bons auprès d'autres personnes et à l'achat d'une marchandise semblable par chacune de ces personnes aux mêmes conditions.

Apparemment avantageuse pour l'acheteur, cette technique de la vente s'analyse en définitive comme une escroquerie ; le dénouement complet de l'opération est en effet nécessairement chimérique pour une partie des personnes qui constituent les maillons de la chaîne.

Bourbier

Lieu très boueux, très bourbeux, où l'on s'enlise. Situation inextricable.

Cabale

Ensemble de menées secrètes, d'intrigues dirigées contre quelqu'un, quelque chose.

Cache

Lieu secret pour cacher quelque chose ou pour se cacher.

Caïd

Chef de bande.

Caisse noire

Fonds qui n'apparaissent pas en comptabilité et que l'on peut utiliser sans contrôle.

Calamité

Malheur public ; catastrophe, désastre.

Calamiteux, euse

Situation qui semble frappée par une calamité ; pitoyable, misérable.

Cale

Objet que l'on place sous ou contre un autre pour mettre celui-ci d'aplomb ou l'immobiliser. C'est une des manœuvres qu'un agent applique pour qu'il soit payé avant l'aboutissement d'un quelconque résultat.

Calé, e

Difficile, compliqué.

Caler

Bloquer, arrêter brusquement.

Camouflage

Dissimulation, déguisement.

Camoufler

Dissimuler, déguiser sous une apparence trompeuse.

Camouflet

Affront, humiliation.

Canaille

Individu méprisable, malhonnête.

Canaillerie

Caractère canaille de quelqu'un, de quelque chose. Acte de canaille.

Capacité

Aptitude à faire, à comprendre quelque chose ; compétence.

Capoter

Echouer, ne pas aboutir, en parlant d'un projet, d'une entreprise.

Captiver

Retenir l'attention en suscitant un grand intérêt ; passionner.

Carence

Manque de ressources d'un débiteur ; insolvabilité.

Casse-tête

Travail, problème difficile à résoudre. La corruption est un véritable casse-tête dans le monde, pour la plupart des gouvernements.

Catastrophe

Evénement subit qui cause un bouleversement, pouvant entraîner des destructions, des morts ; désastre.

Chaos

Confusion générale, désordre épouvantable.

Chaotique

Qui tient du chaos.

Chèque sans provision

Infraction consistant à se procurer de fonds en tirant un chèque sur une personne qui n'existe pas ou qui n'est pas débitrice à l'échéance. C'est également le fait d'émettre un chèque pour lequel la provision n'est pas disponible.

Centre offshore

Dans le domaine de la finance, ce terme est utilisé pour parler du placement des capitaux à l'étranger, en général dans un paradis fiscal, pour optimiser ses ressources financières. C'est l'un des pivots du montage corruptif et constitue un passage obligé des techniques de blanchiment.

Chipotage

Faire des difficultés pour peu de chose. Tripoter quelque chose ou fouiller dans quelque chose.

Chipoteur, euse

Personne qui chipote.

Cible

Objectif qui est visé, qui est l'objet d'une attaque.

Cibler

Définir précisément la cible, la clientèle de.

Circuit

Réseau de contacts et d'informations d'un groupe donné pour atteindre un objectif visé. Il désigne également le parcours effectué par les richesses au cours de leur circulation par analogie à la circulation du sang dans le corps.

Clandestin, e

Qui se fait en cachette, dans le secret. Situation de celui qui mène une existence clandestine.

Clandestinement

De façon clandestine ; secrètement.

Clandestinité

Caractère de ce qui est clandestin. La corruption est toujours une opération clandestine.

Clin d'œil

Battement de paupière adressé en signe de connivence ou comme appel discret.

Cœrcitif, ive

Qui a un pouvoir de coercition ; qui contraint.

Coercition

Action de contraindre.

Coinçage

Action de coincer.

Coincé

Mal à l'aise, inhibé.

Coincer

Prendre en faute, mettre en difficulté en questionnant.

Coincement

État de ce qui est coincé, bloqué.

Concurrents évincés

Rivaux dépossédés, écartés d'un marché, etc....

Conditionnement (de l'argent)

Fait d'être conditionné. État psychologique qu'a une personne, laquelle à force d'être gratifiée par de l'argent ou autre de manière isolée ou répétée, le dispose favorablement à l'endroit du donateur et cela en violation des règles qu'impose son devoir.

Conditionner

Déterminer quelqu'un, un groupe à agir de telle ou telle manière, à penser de telle ou telle façon.

Consommateurs (contribuables) grugés

Bénéficiaires trompés, volés.

Contravention

Infraction qui relève des tribunaux de police et sanctionnée par une peine d'amende ; amende.

Contre bande

Commerce clandestin de marchandises prohibées ou pour lesquelles on n'a pas acquitté les droits de douane ; ces marchandises.

Contrefaçon

Reproduction frauduleuse d'une œuvre littéraire, artistique, d'un produit manufacturé, d'une monnaie, etc.

Contrefacteur, trice

Personne qui commet une contrefaçon, faussaire.

Contrefaire

Imiter frauduleusement, effectuer une contrefaçon.

Contrefait

Modifié, déformé avec une intention frauduleuse.

Contrevenant, e

Personne qui contrevient à un règlement, à une loi.

Contrevenir

Agir contrairement à une prescription, à une obligation ; enfreindre, transgresser.

Crime

Acte répréhensible, lourd de conséquences.

Criminalité sans victime

Ensemble d'actes criminels et délictueux sensés n'avoir pas fait souffrir ou léser une personne, un groupe.

Criminalité transnationale organisée

Ensemble de pratiques ou d'opérations perpétrées par une association de malfaiteurs organisés en réseaux (groupes financiers et/ou industriels) agissant au niveau international, souvent avec la complicité de la classe politique et militaire en place. Elle est également un ensemble de crimes commis par une association de malfaiteurs organisés en réseaux établis dans plusieurs pays pour atteindre des objectifs aussi bien politiques qu'économiques, culturels et sociaux.

Criminel, elle

Coupable de crime. Contraire aux lois naturelles ou sociales.

Débarras (bon)

Expression utilisée pour saluer le départ de quelqu'un jugé embarrassant.

Débarrasser (se)

Faire en sorte que quelqu'un soit libéré de quelqu'un ou de quelque chose.

Détourner

Soustraire frauduleusement.

Détriment

Dommage, préjudice. *"Au détriment de"* : en faisant tort à, aux dépens de.

Détournements de fonds par falsification des dossiers

Déclaration des versements volontairement minorés en vue d'un détournement de la différence.

Dévaliser

Voler, dérober quelque chose à quelqu'un ; cambrioler.

Dévastateur, trice

Acte qui dévaste.

Dévastation

Action de dévaster, ravage, ruine.

Dévaster

Causer de grands dégâts à ; ravager, ruiner.

Dilapidation

Action de dilapider.

Dilapider

Dépenser à tort et à travers ; gaspiller.

Discrédit

Diminution ou perte de la confiance, de l'estime, de la valeur dont jouit quelqu'un ou quelque chose.

Discréditer

Faire perdre à quelqu'un ou quelque chose la considération, le prestige, l'influence dont il jouissait.

Discret, ète

Acte qui est fait de façon à n'être pas remarqué. Qui n'attire pas l'attention. Quelqu'un qui sait garder un secret.

Discrètement

Avec discrétion.

Discrétion

Aptitude à garder un secret.

Dissimulateur, trice

Personne qui sait dissimuler ou en a l'habitude.

Dissimulation

Envers de la simulation consistant à tenir secrète la vérité de l'opération juridique, soit en dénaturant, soit en modifiant, soit en supprimant l'acte apparent, soit encore en cachant l'identité du véritable bénéficiaire.

Dissimuler l'origine illicite

Cacher la provenance douteuse ou prohibée de quelque chose dans le but de la faire passer dans le circuit économique régulier.

Dol

Tromperie commise en vue de faire décider une personne à conclure un acte juridique ou de l'amener à contracter à des conditions qui lui sont défavorables.

Dol qualifié

Dessein d'enrichissement illégitime.

Donateur, trice

Personne qui fait un don, qui donne une chose.

Droit aux bénéfices

Croyance de certains responsables administratifs à s'octroyer les faveurs compte tenu de leur position dans tel ou tel dossier.

Dumping

Pratiques tendant à ce que des marchandises puissent être offertes sur des marchés étrangers, soit à un prix inférieur à celui qui est pratiqué sur le marché national, soit à un prix inférieur à leur coût de production. C'est une forme déloyale de la concurrence commerciale ; on s'en protège par l'établissement des droits d'entrée élevés, appelés droits anti-dumping.

Duplicité

Caractère de quelqu'un qui ne se montre pas tel qu'il est, qui présente intentionnellement une apparence différente de ce qu'il est réellement, hypocrisie, fausseté.

Économie souterraine

Ensemble d'activités économiques qui se réalisent en marge des législations pénale, sociale ou fiscale, ou qui échappent largement aux recensions de la comptabilité nationale.

Les définitions de l'économie souterraine sont fort nombreuses. Ce concept flou se définit le plus souvent négativement : on oppose les activités souterraines au mode de production dominant ; ainsi, l'État et la comptabilité nationale déterminent-ils l'économie officielle et, par opposition à l'économie dite informelle.

La notion recouvre des réalités très diverses :

- illégales (trafic, corruption…) ;
- légales qui, soit ne sont pas recensées au niveau de la comptabilité nationale (travail domestique, bénévolat, activités associatives, entraide de voisinage), soit ne sont pas déclarées aux administrations fiscales et sociales-fraude fiscale, travail clandestin).

Évasion fiscale

Fait de soustraire une matière imposable (revenu, capital) à l'application de la loi fiscale en général ou d'un tarif d'impôt particulier, sans transgresser la lettre de la loi ; Ce qui correspondrait à la fraude fiscale, en mettant systématiquement à profit toutes les possibilités de minorer l'impôt ouvert, soit par ses règles, soit par ses lacunes.

Au plan international, elle peut consister, par exemple, pour une entreprise, à localiser tout ou partie de ses profits imposables dans des « paradis fiscaux » par la pratique de « prix de transfert ».

Éviction du marché

Abandon forcé d'un contrat administratif qu'une personne a préalablement conclu avec des personnes publiques ou privées et qui répond aux besoins de l'administration en matière de fourniture, services et travaux.

Établissement de comptes hors livres

Mauvaise tenue de livres comptables en vue d'embrouiller l'orthodoxie.

Faillite

Constat fait par le tribunal de l'impossibilité dans laquelle se trouve le commerçant de rembourser les sommes dues à ses créanciers.

Faveur

Disposition à traiter quelqu'un avec bienveillance ; à lui accorder une aide, une préférence ; cette bienveillance elle-même.

Favorable

Animé de dispositions bienveillantes à l'égard de quelqu'un ou de quelque chose.

Favorablement

D'une manière favorable.

Favori, ite

Individu qui jouit de la prédilection de quelqu'un ; préféré.

Favorisant, e

Facteur qui favorise quelque chose.

Favoriser

Traiter de façon à avantager.

Fonds vautours

Fonds d'investissements spécialisés dans le rachat des dettes d'entreprises en difficulté ou souscrivant à des augmentations de capital pour en prendre le contrôle et de les restructurer, profitant des prix très bas des titres.

Impunément

Sans subir ou sans encourir de punition.

Impuni, e

Acte, comportement qui demeure sans punition.

Impunité

Manque de punition, fait de n'être pas puni.

Intermédiaire

Personne qui met en contact un acheteur et un vendeur sur un marché. Dans plusieurs affaires politico-financières, le rôle crucial d'intermédiaire est apparu dans le versement de commissions occultes ou des rétros commissions.

Jouissance dolosive

Libre disposition de quelque chose qui présente le caractère du dol, de la fraude ou de la tromperie.

Laisser-faire, laissez-passer

Doctrine. Expression due à Vincent de Gournay caractérisant le libéralisme économique : laissez faire les hommes et laissez passer les marchandises.

Léonin

Adjectif s'appliquant à un contrat totalement déséquilibré en faveur de l'une des deux parties. Utilisé lorsqu'il s'agit de définir une clause des statuts d'une société (contrat, partage) qui conduirait à mettre un associé dans une situation complètement disproportionnée.

Mafia ou maffia

Organisation secrète criminelle dont les activités, exercées par des clans familiaux soumis à une direction collégiale occulte, reposent sur une stratégie d'infiltration de la Société civile et des institutions. Les membres sont appelés « Maffieux ou Maffiosi ».

Malversation financière

Détournement de fonds dans l'exercice d'une charge.

Marché gris

Lieu fictif de cotation et d'échange anticipé d'une valeur avant son admission officielle à la cote.

Marché noir

Marché parallèle, trafic clandestin des marchandises, notamment de denrées.

Marcher

Accepter une affaire, consentir à participer à quelque chose avec quelqu'un. C'est entendu, c'est conclu, c'est o.k.

Mesure

Moyen mis en œuvre en vue d'un résultat déterminé.

Méticuleusement

De façon méticuleuse, scrupuleuse.

Méticuleux, euse

Qui manifeste une attention, un soin particulier au moindre détail ; minutieux. (Personne, travail).

Méticulosité

Caractère d'une personne méticuleuse, d'une action méticuleuse. (Qui demande un grand soin)

Museler

Empêcher de s'exprimer, réduire au silence. Se dit de quelqu'un qui a été corrompu pour qu'il ne puisse parler ou témoigner, dont on achète le silence.

Narcodollar

Dollar utilisé dans le trafic de stupéfiants. Profits réalisés en dollars par les trafiquants de stupéfiants.

Narco économie

Trafic de drogue qui est une autre face de la mondialisation, et il est devenu un cancer de la géopolitique, parfois la clef de certains conflits.

Narcotrafiquant

Néologisme pour désigner un trafiquant de drogues, produits illicites ou dopants. Ce terme s'applique notamment aux barrons des cartels, comme le cartel de Medellin, qui impliquent de grandes quantités de produits et/ou une dimension internationale dans les échanges commerciaux illégaux.

De par la nature illicite des produits vendus, cette activité est illégale dans la plupart des pays du monde.

Négociable

Quelque chose pouvant être négocié.

Négociateur, trice

Personne qui sert d'intermédiaire dans une affaire pour favoriser un accord.

Négociation

Action de négocier, de discuter les affaires communes entre des parties en vue d'un accord.

Négocier

Traiter, discuter en vue d'un accord.

Népotisme

Forme de corruption consistant en un abus qu'un homme en place fait de son crédit, de son influence pour procurer des avantages et autres faveurs à ses proches.

Le népotisme s'entend de l'engagement de parents ou d'amis à des postes pour lesquels ils n'ont pas nécessairement les qualifications requises, ou à l'octroi de contrats gouvernementaux pour les mêmes considérations.

Noircissement d'argent

Inverse du blanchiment d'argent. Si la préoccupation principale des organisations criminelles est de réinjecter des revenus illicites dans l'économie officielle, le souci d'une entreprise privée qui souhaiterait développer des activités illicites (comme la corruption des fonctionnaires ou de personnalités politiques, le financement illégal des partis politiques) est, à l'inverse, de générer des fonds occultes et de l'argent noir en liquide.

Non-dit

Ce que l'on évite de dire, ce que l'on tait, généralement, de manière délibérée.

Non-dénonciation

Fait de ne pas révéler une infraction dont on a eu connaissance.

Offre

Action d'offrir ; ce qui est offert.

Offrir

Donner, présenter en cadeau.

Offreur, euse

Personne qui offre quelque chose à quelqu'un (par opposition au demandeur).

Pacte

Nom spécifique donné à certains accords de volonté, accord, contrat, convention, transaction.

Paradis absolus

Pays constituant à la fois des paradis fiscaux, bancaires, réglementaires et politiques et refusant systématiquement toute coopération judiciaire internationale. C'est le cas des pays ci-après : Myanmar, Nauru, Indonésie, Nigeria, Philippines et les îles Cook.

Paradis fiscal

Pays ou place financière qui fait bénéficier des avantages fiscaux aux personnes qui y font des opérations, des dépôts, etc.

Péage occulte

Droit que l'on paie pour emprunter une autoroute, un pont etc. Non connu de l'autorité compétente, non prévu par la loi en la matière.

Piège

Moyen détourné dont on se sert contre une personne pour la tromper, la mettre dans une situation difficile.

Piéger

Prendre au piège, faire tomber dans un piège.

Pillage

Action de piller, de voler des biens qu'on trouve, d'une façon violente et destructrice ; Ensemble des dégâts qui en résultent.

Pillage froid

Ensemble des dégâts, résultant de l'action de piller, commis avec une totale insensibilité, sans aucun scrupule.

Piller

Voler par des détournements frauduleux.

Pilleur, euse

Personne qui vole, qui pille.

Ponctionner

Prendre de l'argent à, prélever de l'argent sur le compte de.

Pratique marginale

Mauvais comportement habituel ; mauvaise façon d'agir, allant à l'encontre des normes établies, ou en dehors des lois.

Prédateur, trice

Personne, groupe qui établit son pouvoir, sa puissance en profitant de la faiblesse de ses concurrents.

Prédateur économique

Celui qui tue l'économie par des pratiques illicites.

Prédation

Mode de subsistance des populations prédatrices.

Prévarication

Grave manquement d'un fonctionnaire, d'un homme d'État, aux devoirs de sa charge (abus d'autorité, concussion).

Profit personnel

Avantage matériel ou moral que l'on retire de quelque chose pour soi en opposition de la communauté toute entière. Qui ne profite qu'à soi ; égoïste.

Rabattre

Amener quelque chose, une partie de quelque chose dans une position plus basse. Retrancher du prix de quelque chose, consentir un rabais. Cette situation peut résulter de la corruption dans la mesure où une entreprise revoit à la baisse ses prix dans le but de déstabiliser ses concurrents.

Racket

Extorsion d'argent ou d'objets par intimidation et violence ou chantage.

Recycler des capitaux acquis malhonnêtement

Introduire des capitaux dans le circuit économique sain par et à travers l'achat d'autres biens légaux.

Règlement à l'amiable

Versement par un contrevenant d'un petit montant à l'agent public et cela sous la menace du paiement d'une amende particulièrement élevée si l'affaire devrait être traitée conformément aux procédures officielles.

Réglementarisme

Tendance à l'excès de réglementation.

Rémunération illicite

Paiement non reconnu, prohiber, en dehors des lois ou conventions.

Restitution différée des versements perçus

Acte consistant à repousser l'agent de fisc l'encaisse officielle des versements perçus par eux, de façon à profiter des avantages financiers illicites résultant du décalage.

Dissimulation volontaire de l'information dans le but de tirer profit personnel.

Rétention illicite de documents

Rétention arbitraire ou confiscation des documents de quelqu'un sans motif légal et contre la volonté du porteur.

Risque-tout

Personne très audacieuse, imprudente.

Risques-pays

Différentes formes d'endettement, qu'il s'agisse de créances non négociables (bancaires ou non bancaires) ou de titres de portefeuille d'investissement ou de négoce et provient de l'incapacité ou du refus d'un pays à fournir les devises nécessaires pour satisfaire les engagements financiers de l'État, ou des agents économiques privés opérant dans ce pays.

Saigner les caisses

Soutirer à des fins personnelles de l'argent dans les caisses de l'État ou du privé.

Scandale financier

Affaire financière malhonnête qui émeut l'opinion publique.

Service intéressé

Rendre service à quelqu'un en espérant tirer profit par après.

Société écran

Société fictive, créée pour masquer les opérations financières d'une ou de plusieurs autres sociétés.

Plusieurs buts sont recherchés lors de la création de sociétés écrans :

- L'évasion fiscale ;
- Le blanchiment d'argent.

Solliciter les offres, promesses, dons, présents

Acte prohibé commis par un agent cherchant à gagner quelque chose pour un travail qu'il devait faire gratuitement.

Spoliation

Action de dépouiller quelqu'un par force ou par ruse. Ce terme est souvent utilisé par des contribuables qui estiment payer trop d'impôts.

Sous facturation

Facturation d'un bien ou d'un service moins élevée que son coût réel. Généralement effectuée dans une intention frauduleuse.

Soustraction des biens de l'État

Prise de possession d'une chose de l'État contre son gré et à son insu.

Stellionat

Infraction consistant dans le fait de vendre une maison dont on n'est pas propriétaire.

Syndicats de la corruption

Ensemble d'agents d'un service impliqués dans la collecte et la répartition des fonds.

Surreglémentation

Situation qui prévaut dans une branche d'activité lorsque son développement est contrecarré par des normes trop lourdes et trop nombreuses, injustifiées parce que non nécessaires, et par un appareil de surveillance et de sanctions correspondant.

Techniques de blanchiment d'argent

En 3 étapes ci-après :

- Le placement, qui consiste à introduire les produits de la criminalité dans le système financier ;
- La dispersion, qui consiste à convertir les produits de la criminalité en une autre forme et à créer un enchevêtrement d'opérations financières dans le but de brouiller la piste de vérification et masquer l'origine et la propriété des fonds (Par ex., l'achat et la vente d'actions, de biens et de propriétés) ;
- L'intégration, qui consiste à réintroduire les bénéfices d'origine criminelle dans l'économie afin de donner aux fonds une apparence légitime.

Tenter

Inciter quelqu'un à faire quelque chose, en éveillant son envie son désir.

Trafic

Commerce illégal et clandestin. Activité mystérieuse et compliquée.

Trafic de drogues

Commerce illégal et clandestin des substances psychotropes en général nuisibles pour la santé, susceptibles de provoquer une toxicomanie, et consommées en dehors d'une prescription médicale.

Trafiquant

Personne qui prend quelque chose par malhonnêteté ou par force.

Trafiquer

Effectuer des opérations commerciales illégales et clandestines. Falsifier un produit, une marchandise. Manigancer.

Transfert

Action de transférer, de déplacer quelqu'un ou quelque chose.

Transférer

Faire passer d'un bien dans un autre.

Travail au noir (travail noir)

Activité professionnelle non déclarée et qui échappe illicitement aux réglementations en matière sociale, fiscale, etc.

Travailleur fictif

Travailleur créé par l'imagination, qui n'a rien de réel, imaginaire mais dont son salaire est récupéré à la source par ceux qui l'ont créé.

Usage de faux

Utilisation en connaissance de cause d'un écrit falsifié en vue de permettre l'obtention du résultat auquel tend normalement sa production

Usage illicite des biens publics

Utilisation illégale et pour des fins personnelles au détriment de l'État, de ses biens meubles et immeubles.

Zone

Territoire ou ensemble de territoires soumis à un statut, à un régime particulier.

Zone grise (zone de non droit)

Certains territoires ou pays qui profitent d'un flou juridique ou de l'absence des lois pour faire des profits.

6. Caractéristiques d'actes et pratiques de corruption

"Il faut une volonté politique forte pour lutter contre la corruption".

O.N.U.

"Un dictateur n'est qu'une fiction. Son pouvoir se dissémine en réalité entre de nombreux sous-dictateurs anonymes et irresponsables dont la tyrannie et la corruption deviennent bientôt insupportables".

le Bon (Gustave)
Médecin et sociologue français (1841-1931)

"La corruption est essentiellement un problème de gouvernance, un constat d'échec des institutions et la marque d'un manque de capacités de gérer la société au moyen de systèmes équilibrés de freins et de contre-poids sociaux, judiciaires, politiques et économiques".

PNUD

"Ce qu'il y a de pire en tout et partout, c'est la corruption de ce qu'il y a de meilleur : *Corruptio optimi pessima*".

Le Père FÉLIX
Conférences de 1856

Aléatoire

Quelque chose qui relève du hasard, qui dépend d'un événement incertain, hasardeux, problématique.

Allergie

Incapacité de supporter quelqu'un ou quelque chose ; aversion, hostilité instinctive.

Alléchant, e

Objet enviable ; appétissant. Qui attire, qui séduit par le plaisir qu'on en attend.

Allécher

Attirer par l'espérance de quelque chose d'agréable, de profitable.

Ambigu, e

Dont le sens est équivoque, interprétable de différentes façons. Difficile à cerner.

Ambiguïté

Caractère de ce qui est ambigu ; ce qui est ambigu, c'est-à-dire dont la pluralité de sens ne permet pas une interprétation sans équivoque, qui manque de clarté, de netteté, de précision. L'ambiguïté d'un paiement. Le corrompu devient ambigu.

Ambigument

De façon ambiguë.

Amoral, e, aux

Manifestant une ignorance ou une indifférence à l'égard de la morale. Qui manifeste une volonté d'agir contre la morale.

Amoralité

Caractère de ce qui est amoral ; conduite amorale.

Anonymat

État de quelqu'un, de quelque chose qui est anonyme.

Anonyme

Dont l'auteur est inconnu.

Anonymement

En gardant l'anonymat.

Anormal, e, aux

Contraire à ou différent de la norme, de la règle générale.

Anormalement

De façon anormale.

Anormalité

Caractère de ce qui est anormal.

Attractif, ive

Quelque chose qui présente un avantage, un attrait ; attrayant.

Attraction

Ce qui attire, produit un effet par ce qui attire. Exemple : Le corrompu qui est porté vers un montant important d'argent qu'on lui avait proposé pour laisser passer le dossier.

Attirance

Vif intérêt pour quelque chose, attrait exercé par quelqu'un.

Attirant, e

Quelque chose qui attire, séduisant.

Attrait

Qualité par laquelle une personne ou une chose attire, plait.

Attrayant, e

Chose ou personne qui présente de l'attrait ; attirant, séduisant.

Attristant, e

Parole ou personne qui rend triste, qui déçoit.

Aubaine

Avantage inespéré ; occasion.

Audace

Grand courage ; hardiesse. Hardiesse insolente ; effronterie.

Audacieusement

Avec audace, avec hardiesse.

Audacieux, euse

Personne qui manifeste de l'audace, décidé, téméraire.

Choquant, e

Acte ou parole qui heurte la sensibilité ; offensant.

Choquer

Contrarier quelqu'un, un groupe, en heurtant ses habitudes, ses goûts ; offenser gravement quelqu'un dans ses sentiments, ses principes, bouleverser quelqu'un.

Chosifier

Traiter comme une chose une idée, une personne.

Illégal, e, aux

Acte qui est contraire à une loi, aux lois.

Illégalement

De façon illégale.

Illégalité

Caractère de ce qui est contraire à la loi. La corruption est un acte illégal.

Illégitime

Quelque chose qui se situe hors des institutions établies par la loi.

Illégitimement

De façon illégitime.

Illicite

Acte prohibé par la loi ou par une disposition réglementaire. L'acte est contraire à l'ordre public. L'interdiction de réaliser un acte ou de se placer ou de se maintenir dans une situation déterminée, n'est pas nécessairement sanctionnée par le droit pénal. Le caractère illicite d'un acte fait généralement l'objet d'une sanction civile telle que l'inefficacité, l'annulation, l'inopposabilité. L'allocation de dommages intérêts sanctionne l'acte illicite si son exécution a produit un dommage ou un tort envers une personne.

Illicitement

De manière illicite.

Incriminable

Acte, comportement qui peut être incriminé.

Incrimination

Action d'incriminer ; fait d'être incriminé.

Incriminer

Mettre en cause ; rendre responsable d'un acte blâmable.

Informel, elle

Quelque chose qui n'obéit pas à des règles déterminées ; qui n'a pas un caractère officiel.

Informalité

Ensemble des actions illégales auxquelles la population locale accorde cependant une grande légitimité, au sens occidental du terme. Certains utilisent l'expression légitimement illégale.

Injuste

Acte qui n'est pas conforme à la justice, à l'équité ; arbitraire, inique.

Injustement

De façon injuste, arbitraire.

Injustifiable

Acte qu'on ne saurait justifier ; indéfendable, insoutenable.

Injustifié, e

Acte qui n'est pas ou n'a pas été justifié.

Irrégularité

Caractère de ce qui n'est pas régulier, réglementaire, légal. Action contraire à la loi, au règlement.

Irrégulier, ère

Acte non-conforme à une réglementation.

Irrégulièrement

De façon irrégulière.

Mal

Ce qui est contraire au bien, à la vertu ; ce qui est condamné par la morale.

Occultation

Action d'occulter, de cacher quelque chose.

Occultation frauduleuse

Action de dissimuler quelque chose avec l'intention de frauder.

Occulter

Passer sous silence ; dissimuler.

Occulte

Dont la cause, les buts, la procédure restent cachés, mystérieux.

Occulter

Passer sous silence ; dissimuler.

Occulter l'origine douteuse

Passer sous silence ; dissimuler la mauvaise provenance ; cacher la source ou la cause dont on sait ne pas être bonne ou saine.

Origine délictueuse

Source ou cause provenant d'un délit ayant été à la base de l'obtention de quelque chose.

Origine frauduleuse

Source ou cause malhonnête ayant été à la base de l'obtention de quelque chose.

Origine illicite

Source ou cause prohibée par la loi ayant été à la base de l'obtention de quelque chose.

7. THÉORIES SUR LA CORRUPTION

"La main qui donne est toujours au-dessus de la main qui reçoit. La première peut frapper la seconde à tout moment".

Ahmadou Hampate Bâ

"La corruption n'est pas un crime de passion, mais de calcul. Il existe certes des saints qui résistent à toutes les tentations et d'honnêtes fonctionnaires ne cédant pas à la plupart d'entre elles. Mais quand l'enveloppe proposée est conséquente, quand les chances d'être pris sont minces et n'entraînent que des peines légères, nombreux sont ceux qui succombent".

Robert Klitgaard, Ronald Maclean-Abaroa
et H.Lindsey Parris Villes corrompues.
Du diagnostic aux remèdes, France, 2002 ;

"Que ta campagne soit magnifique, brillante, éclatante, populaire et que pèse sur tes concurrents - s'il est possible de trouver quelque chose - un soupçon d'infamie (crime, débauche ou corruption). Qu'ils sachent que tu les surveilles, que tu les observes. Agitons devant nos concurrents la menace d'un procès, effrayons leurs trésoriers, ou, d'une manière ou d'une autre, faisons pression sur ceux qui les financent".

Cicéron (Quintus Tulluis)
Homme politique et auteur romain (-102/-43)

"Au vrai, la corruption existe partout. Elle est rejetée par les masses, qui y voient une cause importante de leurs malheurs. Les responsables, à la fois pour contenir la corruption dans des limites tolérables, et pour calmer leurs peuples, sont obligés d'en faire un thème important de leurs discours".

Pierre Péan ;
L'argent noir, corruption et sous-développement, 1988.

Selon la théorie des relations patron-client

La corruption est un mécanisme d'échange qui reflète souvent la distribution inéquitable de la richesse et du pouvoir dans la société : ceux qui ont relativement peu de pouvoirs peuvent échanger leur vote ou leur contribution lors d'une campagne électorale contre des faveurs. D'autres théories soutiennent que la corruption est un mal persistant, mais nécessaire, dans une économie capitaliste, mais elles font alors fi de la corruption chronique qui sévit dans les systèmes non capitalistes. On ne saurait par contre prétendre que le pouvoir soit distribué plus équitablement dans ces sociétés.

Analyse

Etude faite en vue de discerner les différentes parties d'un tout, de déterminer ou d'expliquer les rapports qu'elles entretiennent les unes avec les autres.

Analyser

Soumettre à une analyse, étudier par l'analyse.

Analyste

Spécialiste de l'analyse mathématique, informatique, financière, politique etc.

Baromètre mondial de la corruption (BMC)

Sondage qui se préoccupe des attitudes du grand public à l'égard des niveaux de corruption. Le BMC demande entre autres aux personnes interrogées dans quelle mesure la corruption touche leur vie personnelle et familiale.

Cartographie des risques

Analyse et traitement géographiques permettant de mettre en lumière des facteurs géographiques (insularité, pratiques locales, proximité avec les lieux de blanchiment) de la corruption. Elle peut aider à trouver des solutions ou à améliorer des pratiques.

Coût de la corruption

Montant ou somme d'argent généralement sous forme de pots-de-vin englobant tous les paiements illicites dans un pays.

Coûts de transaction dans la corruption

Temps de travail qu'un fonctionnaire passe à négocier la corruption et/ou à exécuter des contrats de corruption.

Dans les pays où la corruption est répandue, les cadres dirigeants passent environ 20% de leur temps de travail à négocier la corruption et à exécuter des contrats de corruption (estimations de TANZI)

Dépistage de la corruption

Découverte, au terme d'une enquête, d'une recherche les actes de la corruption.

Douze (12) conseils du professeur Antonio Argandoña pour établir une politique de lutte contre la corruption dans les entreprises

1. Manifester publiquement et régulièrement (discours, journal interne, site Internet, etc.) la volonté de la Direction d'interdire toute forme de corruption ;

2. Montrer l'exemple par les actes ;

3. Intégrer la politique anticorruption à la stratégie globale ;

4. Déterminer les responsabilités de chaque individu, y compris aux plus hauts niveaux hiérarchiques ;

5. Etablir un code de comportement pour guider les employés face à des situations à risques (sélection de fournisseurs, clients, etc.) ;

6. Communiquer sur les sujets sensibles (donations, sponsoring, financement des partis politiques, faire ou recevoir des cadeaux des fournisseurs, etc.) ;

7. Etablir des mécanismes de conseil et dénonciation. Le personnel doit savoir à qui parler pour demander conseil ou dénoncer des pratiques illicites dans l'entreprise ;

8. Favoriser la transparence financière ;

9. Créer des mesures de contrôle. L'entreprise doit consacrer des moyens humains et financiers pour surveiller les services les plus sensibles (achats, ventes, contrats, etc.) ;

10. Assurer la formation éthique du personnel ;

11. Sanctionner toute action de corruption ;

12. Participer avec d'autres entreprises ou avec le gouvernement et les ONG à la lutte contre la corruption.

Équation de l'économiste Robert Clitgark

Clitgark a posé l'équation schématique suivante en ce qui concerne les causes de la corruption. Celle-ci résultant du contrôle monopolistique des agents publics disposant de pouvoirs discrétionnaires, en l'absence de systèmes de responsabilisation : corruption = monopole + pouvoir - transparence.

Équation du PNUD

(Corruption=(MONOPOLE+DISCRÉTION)-(REDEVABILITE+ INTEGRITE + TRANSPARENCE). Ceci indique qu'en l'absence de RTI (provenant principalement de faiblesses de la gouvernance) la combinaison du monopole du contrôle et du pouvoir discrétionnaire aboutit à la corruption. La corruption résulte donc essentiellement de carence de la gouvernance.

État escroc (Rogue state)

Terme appliqué par quelques théoriciens internationaux pour qualifier les États qui menacent la paix dans le monde. On fait souvent allusion aux critères suivants : le règne des régimes autoritaires limitant sévèrement des droits de l'homme, le terrorisme de commanditaire, et la prolifération des armes des destructions de masse.

Enquête

Etude d'une question politique, sociale, économique, par le rassemblement des avis, des témoignages des intéressés.

Enquêté, e

Sujet soumis à un sondage, à une interview.

Enquêter

Mener, conduire une enquête.

Enquêteur, eusse ou trice

Personne qui ouvre ou poursuit des enquêtes sociologiques, policières, parlementaires, journalistes, etc.

Éthique

Science qui concerne les mœurs et les principes de la morale.

Éthique des affaires

Forme de l'éthique appliquée à un domaine concret qui examine :

- les règles et les principes de l'éthique dans le contexte des affaires économiques et commerciales ;
- les diverses questions morales ou éthiques qui apparaissent dans le contexte de l'activité économique des hommes ;
- et tout devoir ou obligation pour une personne qui fait du commerce.

Indice

Signe apparent et probable qu'une chose existe.

Indicateur de « maîtrise de la corruption »

Indicateur défini comme mesurant « l'abus de l'autorité publique à des fins de gain personnel, y compris la grande et la petite corruption et l'accaparement de l'appareil d'État par les élites » (Kaufmann).

Indice de perception de la corruption (I.P.C)

Indice composite crée par Transparency International et ayant pour mission d'agréger des données d'enquêtes et d'agences de cotation. Le score de ***10*** indique l'absence de demandes de pots-de-vin et celui de ***0*** une corruption systématique. Cet indice fait appel à 17 enquêtes et sondages différents, réalisés par 13 organismes indépendants auprès des milieux d'affaires et des analystes de risques-pays, entre autres des enquêtes auprès de la population locale et expatriée.

Investigation

Recherche attentive et suivie.

Montage corruptif

Ensemble de procédés de corruption permettant à une personne ou à un réseau de se procurer de l'argent indu et cela au détriment de l'intérêt général.

Noyautage

Tactique qui consiste à infiltrer dans un milieu donné, neutre (syndicat, administration) ou hostile (parti politique adverse) des personnes qui ont pour rôle de le désorganiser et le cas échéant, d'en prendre le contrôle.

Noyauter

Procéder au noyautage d'une organisation. (Parti qui noyaute un syndicat ouvrier)

Pouvoir de corruption

Influence, poids que ressent quelqu'un ayant reçu l'argent pour réaliser coûte que coûte quelque chose qui lui a été demandé. Manque d'indépendance, de liberté et de dignité vis-à-vis du corrupteur.

Tolérance zéro

Doctrine visant à punir sévèrement les délinquants à la moindre infraction de la loi. La tolérance est ainsi réduite à zéro, il n'y a aucune circonstance atténuante. Elle a notamment été mise en pratique dans la ville de New York, où elle est aujourd'hui fortement remise en question.

Les universitaires James Wilson et Georges Keeling, dans la revue américaine *Atlantic Monthly* en 1982, ont défini les premiers, cette théorie sous ce nom.

Leur théorie est illustrée par la « vitre brisée ». Si une vitre d'un bâtiment est brisée et n'est pas immédiatement remplacée, certains pourront en déduire que le bâtiment est abandonné et en voie de délabrement. Et immanquablement toutes les vitres seront à leur tour brisées, les délinquants considérant que cela n'a aucune importance.

Cette théorie se base sur deux postulats :

1. si le responsable d'une infraction n'est pas condamné immédiatement, il est incité à récidiver ;
2. si les responsables d'infractions ne sont pas condamnés pour chaque infraction avec toute la sévérité que la loi autorise, ils vont progressivement dériver du petit délit au crime.

En acceptant cela, la seule façon d'empêcher la récidive et l'escalade des infractions est d'agir immédiatement à chacune d'entre elles. En condamnant immédiatement les responsables. On persuade ces derniers que toute action contre la société entraîne une réaction immédiate et le sentiment d'impunité disparaît.

Plusieurs pays appliquent cette méthode depuis longtemps, comme en République Populaire de Chine, où elle peut conduire à la peine de mort.

8. Causes de la corruption

"Toute institution qui ne suppose pas que le peuple est bon, et le magistrat corruptible, est vicieuse".

Robespierre (Maximilien Isidore de)
Homme politique français (1758-1794)

" Si tu laisses quelquefois plier la verge de la justice, que ce ne soit pas sous le poids des cadeaux, mais sous celui de la miséricorde".

Cervantès (Miguel de)
Écrivain espagnol (1547-1616)
Don Quichotte

"Tant que l'on s'accommodera des paradis bancaires et fiscaux, on ne pourra absolument rien envisager d'efficace contre la corruption".

Juge van Ruymbeke

"La corruption et le sous-développement sont des composantes d'un même processus qui sont dialectiquement liées ... Chacune détermine la façon dont l'autre se développe. Cela signifie que la mécanique de corruption a une part prééminente dans le processus de sous-développement".

David J. Gould
(Bureaucratic corruption and underdevelopment in the third world, Pergamon Press, New York, 1980).

Celles qui sont à la base de la corruption, celles qui la déterminent, celles pour lesquelles elle existe. Nous en énumérons quelques-unes :

Absence de méritocratie

Manque ou insuffisance du système selon lequel le mérite doit déterminer la position sociale.

Absence de motivation

Manque ou insuffisance de créer, chez quelqu'un, les conditions qui le poussent à agir. Manque de stimulation.

Bas salaire des travailleurs

Faible rémunération au vu du travail fait et du vécu quotidien du travail. Salaire de misère qui démotive, démobilise.

Cadre législatif flou

Ambiguïté des lois, règlements et autres textes législatifs qui régissent le pays.

Canard boiteux

Personne qui ne suit pas le même chemin que les autres affaires, entreprise qu'une mauvaise gestion a mise en difficulté.

Clientélisme

Fait, pour un homme politique ou un parti politique, de chercher à augmenter son pouvoir en s'appuyant sur une clientèle gagnée et entretenue à l'aide de procédés démagogiques, d'attribution d'avantages.

Commissions occultes (ou illicites)

Versement en argent liquide ou par le biais de fausses factures émises par des sociétés-écran, à l'activité plus ou moins fictive.

Les fausses factures sont émises en contrepartie de prestations fictives, comme des expertises fictives à l'origine de rapports fictifs. Cette commission occulte peut également prendre la forme d'un emploi fictif pour soi-même ou un tiers (une épouse, une maîtresse, un fils, un frère, un neveu, etc.). Cette technique est employée par la pègre ou par des partis politiques, pour financer leur activité (financement illégal des partis politiques) ou rémunérer illégalement certains de ses membres.

Mondialisation oblige, les commissions occultes sont de plus en plus fréquemment versées dans un paradis fiscal par l'intermédiaire de sociétés-écrans, souvent de droit panaméen (voir société panaméenne). En Suisse par exemple, des centaines de sociétés fiduciaires gèrent des milliers de sociétés panaméennes pour des milliers d'ayant droits anonymes. Les retraits se font en argent liquide au guichet de la banque ou par une simple carte de crédit au nom de la société panaméenne.

Compérage

Entente secrète entre deux ou plusieurs personnes visant à en tromper d'autres ; connivence.

Cupidité

Désir immodéré des richesses.

Démobilisable

Quelqu'un qu'on peut ou on doit démobiliser, renvoyer à la vie civile (cas des hommes appelés sous les drapeaux).

Démobilisateur, trice

Qui démobilise, diminue l'enthousiasme combatif de… Exemple : mot d'ordre qui démobilise les masses (figuré et politique).

Démobilisation

Relâchement de l'activité, baisse de la participation, de militer, de défendre quelque chose.

Discrimination

Action d'isoler et de traiter différemment certains individus ou un groupe entier par rapport aux autres.

Emploi fictif

Rémunération perçue par une personne pour une activité qu'elle n'exerce pas. Exemple, lorsqu'on poursuit des activités partisanes ou militaires au lieu d'effectuer le travail pour lequel elle est censée être rémunérée, ce qui est un délit.

Flouer

Voler, duper, léser quelqu'un.

Gabegie

Désordre, gaspillage provenant d'une gestion défectueuse ou malhonnête.

Gestion corrompue

Gestion pervertie, dépravée, décadente.

Gestion laxiste

Gestion où il y a une indulgence exagérée ; où la tolérance est excessive. Et donc pas bonne.

Impunité

Absence de punition, fait de ne pas être puni, sanctionné pour une faute commise.

Incompétence

Manque des connaissances nécessaires pour faire quelque chose, incapacité.

Incompétent, e

Quelqu'un qui n'a pas les connaissances voulues pour décider ou pour parler de quelque chose.

Injustice

Caractère de ce qui est injuste, manque de justice, ce qui est injuste.

Institutions faibles

Une des causes générales de la corruption est caractérisée par des institutions non démocratiques avec des fonctionnaires à forte autorité et ayant peu de comptes à rendre, on y trouve également des responsables officiels attirés par des rémunérations coupables et ayant des salaires faibles,

Institutions non démocratiques

Institutions non issues des élections, souvent obtenues par d`autres voies telles les coups d`État.

Irresponsabilité

État d'une personne qui n'est pas responsable. Caractère de quelqu'un qui agit à la légère.

Irresponsable

Personne qui manifeste une légèreté coupable, de l'irréflexion, de l'inconscience vis-à-vis des conséquences de ses actes.

Justice permissive

Justice caractérisée par une tendance générale à permettre, à tolérer plutôt qu'à interdire et à punir.

Manque de liberté de presse

Absence ou insuffisance d'informer librement la population ou d'accéder à la bonne source. Une presse muselée, réduite à une caisse de résonance du pouvoir en place, souvent non démocratique.

Manque de responsabilisation

Insuffisance ou absence de rendre quelqu'un responsable, ou conscient de ses responsabilités, de répondre de ses actes.

Manque des valeurs éthiques

Insuffisance ou absence des principes de la morale, des règles de conduite.

Manque de transparence

Insuffisance ou absence de la qualité de ce qui peut être vu et connu de tous. Opacité dans la gestion de la chose publique ou privée.

Mauvaise gouvernance

Cadre législatif flou, système judiciaire inadéquat, manque de transparence et de responsabilisation, manque de liberté de la presse.

Népotisme

Forme de corruption consistant en un abus qu'un homme en place fait de son crédit, de son influence pour procurer des avantages et autres faveurs à ses proches.

Le népotisme s'entend de l'engagement de parents ou d'amis à des postes pour lesquels ils n'ont pas nécessairement les qualifications requises, ou à l'octroi de contrats gouvernementaux pour les mêmes considérations.

Opacité

Caractère de ce qui ne peut être compris. État de ce qui est opaque.

Opaque

Quelque chose dont on ne peut pénétrer le sens ; incompréhensible, qui n'est pas transparent.

Paupérisation

Appauvrissement progressif et continu d'une population.

Paupériser

Frapper de paupérisation.

Paupérisme

État de très grande indigence d'une population, d'un groupe humain.

Pauvre

Quelqu'un qui a peu de ressources, de biens, d'argent. Dépourvu de biens, de richesses, de ressources ; Misérable.

Pauvrement

Dans la pauvreté. De manière piètre, insuffisante misérablement.

Pauvreté

Manque d'argent, de ressources, état d'une personne pauvre, donc facile à corrompre.

Salaire modique (ou de misère)

Salaire de faible valeur ne pouvant pas permettre quelqu'un de tenir les deux bouts du mois, l'exposant ainsi facilement à la corruption.

Système judiciaire inadéquat

Une justice mal organisée, qui n'est pas adaptée ou qui est tout simplement inappropriée.

9. CONSÉQUENCES OU EFFETS DE LA CORRUPTION

"La corruption, celle qui a des conséquences plus énormes, gît dans des milieux insoupçonnés ..., invisibles. Pourquoi ? Parce que là-bas, les gens sont plus instruits et conduisent scientifiquement leurs affaires. Ni vu, ni entendu, ni su. Les preuves matérielles sont difficiles à réunir, mais les citoyens savent, car il y a belle lurette qu'ils ont pris conscience de l'escroquerie dont ils sont les victimes ... ".

Ivoire Dimanche

"La corruption généralisée peut nuire à la stabilité politique, en faisant obstacle aux investissements privés étrangers et nationaux. Même lorsque la stabilité n'est pas menacée, la fréquence élevée de pots-de-vin décourage de tels investissements".

Nancy Zucker Boswel et Peter Richardson

"La vertu fascine mais il y a toujours en nous l'espoir de la corrompre".

L. Langanesi

"La règle des 400 pour-cent de bénéfice de la gouvernance signifie que les pays qui se sont attaqués à la corruption et ayant renforcé l'état de droit ont vu leur revenu national quadruplé et la mortalité infantile chuter de 75 pour-cent".

Daniel Kaufmann
Coût de la corruption (article sur le net)

Appauvrissement de l'État et de la population

Action consistant à appauvrir les institutions du pays et du peuple tout entier par une mauvaise gouvernance.

Chômage

Cessation contrainte de l'activité professionnelle d'une personne (le plus souvent après un licenciement).

Chômeur, euse

Personne au chômage.

Clientélisme

Fait pour un homme politique ou un parti, de chercher à augmenter son pouvoir en s'appuyant sur une clientèle gagnée à l'avance et entretenue à l'aide des procédés démagogiques, d'attributions d'avantages.

Démotivation des travailleurs

Action consistant à ôter aux travailleurs toute raison d'exercer leur profession ou de poursuivre leur travail.

Enrichissement illicite

Augmentation substantielle des biens d'un agent public ou de toute autre personne que celui-ci ne peut justifier au regard de ses revenus.

Enrichissement personnel

Fait de devenir riche par des moyens malhonnêtes et cela au détriment de l'intérêt général.

Enrichissement sans cause

Fait de devenir riche sans pour autant faire preuve d'un travail conséquent.

Gain illicite

Avantage illégal, avantage obtenu par des pratiques malhonnêtes, défendues par la loi ou par la morale.

Gestion opaque

Manière non transparente de gérer, d'administrer, de diriger, d'organiser quelque chose. Une gestion où règne un flou pour ne pas permettre de mieux comprendre ce qui se passe dedans.

Humiliation

Acte, situation qui humilie ; affront, état ou sentiment qui en résulte ; honte.

Manque

Fait de manquer, de faire défaut ; insuffisance ou absence de ce qui serait nécessaire.

Manqué, e

Quelque chose qui n'a pas réussi, qui est ratée, qui est défectueuse.

Manque à gagner

Perte portant sur un bénéfice escompté et non réalisé.

Manque de transparence

Insuffisance ou absence de la qualité de ce qui peut être vu et connu de tous. Opacité dans la gestion de la chose publique ou privée.

Mauvaise gouvernance

Cadre législatif flou, système judiciaire inadéquat, manque de transparence et de responsabilisation, manque de liberté de la presse.

Mégestion

Mauvaise gestion, gestion calamiteuse.

Népotisme

Forme de corruption consistant en un abus qu'un homme en place fait de son crédit, de son influence pour procurer des avantages et autres faveurs à ses proches.

Le népotisme s'entend de l'engagement de parents ou d'amis à des postes pour lesquels ils n'ont pas nécessairement les qualifications requises, ou à l'octroi des contrats gouvernementaux pour les mêmes considérations.

Privation d'un salaire décent

Action consistant à priver les travailleurs d'une rémunération convenable, suffisante, correcte.

Ruine des entreprises

Destruction progressive des entreprises, aboutissant à sa perte.

10. Aspects éthiques de la corruption

"L'ampleur de la corruption a servi de prétexte à de nombreux coups d'État, et la lutte pour l'éliminer a légitimé d'innombrables prises de pouvoir par les militaires. Mais on s'aperçoit que les régimes militaires ne règlent pas mieux le problème que les civils".

Pierre PEAN ;
L'argent noir, corruption et sous-développement, 1988.

"À la nomination d'une petite minorité corrompue, la démocratie substitue l'élection par une masse incompétente".

SHAW (George Bernard)
Écrivain et auteur dramatique irlandais
d'expression anglaise (1856-1950)

"La corruption, ce peu d'aptitude à goûter les avantages de la liberté, a nécessairement sa source dans une extrême inégalité".

Machiavel

"L'amélioration de la gouvernance et de l'état de droit et la maîtrise de la corruption améliorent le revenu national par habitant".

Daniel Kaufmann
Coût de la corruption (article sur le net)

Abaissant, e

Qui fait descendre moralement à un niveau plus bas, quelqu'un ; le dégrade.

Abaisser (de baisser)

Faire descendre, mettre à un niveau plus bas.

Abattu, e

Sans force physique ou morale ; découragé ; prostré.

Une attitude que présente un corrupteur ou un corrompu face à l'acte de corruption qui est découvert.

Aberrance

Singularité présentée dans une série statistique par une grandeur qui s'écarte nettement de la valeur moyenne. Lorsqu'on est corrompu, on est prêt à commettre n'importe quel gâchis pour satisfaire celui qui vous a corrompu.

Aberrant, e

Acte qui s'écarte du bon sens, des règles, des normes.

Aberration

Erreur de jugement, déviation du bon sens ; absurdité.

Abîme

Gouffre très profond, sans fond ; Ce qui divise, sépare profondément.

Abîmé, e

En mauvais état.

Abject, e

Acte qui suscite le mépris par sa bassesse, donne un dégoût moral ; ignoble, infâme.

Abominable

Qui provoque l'aversion, l'horreur, très mauvais ; détestable, affreux (quelqu'un, temps).

Abominablement

De façon abominable ; à un très haut degré, horriblement.

Abomination

Caractère de ce qui inspire l'horreur, le dégoût. (Quelque chose, quelqu'un).Irrésistible dégoût.

Abominer

Avoir en horreur ; détester.

Abracadabrant, e

Difficile à croire ; bizarre, extravagant, invraisemblable (histoire).

Absurde

Contraire à la logique, à la raison.

Absurdement

De façon absurde.

Absurdité

Caractère de ce qui est absurde, contraire au sens commun, au bon sens.

Abuser (de)

Faire un usage mauvais ou excessif de ; Exagérer, dépasser la mesure.

Abusif, ive

Acte qui constitue un abus. Personne qui profite abusivement de son rôle.

Abusivement

De façon abusive.

Accablant, e

Qui accable (chaleur, charges contre un prévenu).

Accablement

État d'une personne accablée, très abattue, physiquement ou moralement.

Accabler

Imposer à quelqu'un quelque chose de pénible, de difficile à supporter. Mettre dans un état d'abattement. Prouver la culpabilité de.

Accaparement

Mise en œuvre, par une ou plusieurs personnes, de procédés tendant à contrôler l'écoulement d'un produit et à aggraver ou à provoquer sa pénurie à des fins spéculatives.

Accaparer

S'emparer de quelque chose à son seul profit, s'en réserver l'usage.

Accapareur, euse

Personne qui accapare.

Acceptant, e

Personne qui donne son consentement à une offre de contrat.

Acceptation

Fait d'accepter quelque chose, d'y consentir.

Accepter

Consentir à prendre, à recevoir ; admettre.

Accointances

Relations familières, fréquentations jugées peu recommandables.

Accord

Entente, harmonie entre des personnes proches par leurs idées, leurs sentiments. Consentement donné à une action ; assentiment, acceptation.

Accord de volonté

Arrangement, règlement, convention librement consentis entre un corrupteur et un corrompu sur une question bien déterminée.

Acculer

Pousser contre un obstacle qui empêche de reculer ou dans un lieu sans issue. Mettre dans l'impossibilité de se soustraire à une situation fâcheuse. Exemple : acculer un corrupteur ou un corrompu.

Accusateur, trice

Personne qui accuse.

Accusation

Action d'accuser, de présenter comme coupable. – Fait de déférer à une juridiction répressive la connaissance du crime.

Accusé, e

Personne à laquelle on impute une infraction ; – Personne à qui est imputé un crime ; prévenu, en cour d'assises.

Accuser

Présenter quelqu'un comme coupable ; - Déférer en justice pour une infraction de nature criminelle.

Achat de conscience

Acte consistant à payer la complicité, la bienveillance de quelqu'un.

Acoquinement

Liaison, association à caractère douteux.

Acoquiner (s')

Se lier avec une ou plusieurs personnes peu recommandables.

Affabulation

Arrangement de faits imaginaires, invention plus ou moins mensongère.

Affabuler

Se livrer à une affabulation.

Agissements

Comportement, manœuvre blâmable.

Agitateur, trice

Personne qui provoque ou entretient des troubles sociaux, politiques, personne qui suscite l'agitation.

Agité, e

Personne qui manifeste de l'agitation, qui est en proie à l'agitation.

Agiter

Causer une vive émotion à ; troubler, exciter.

Agitation

État de mécontentement d'ordre politique ou social, se traduisant par l'expression de revendications, par des manifestations ou par des troubles publics.

Aliénabilité

Caractère de ce qui peut être aliéné.

Aliénable

Personne ou objet qui peut être aliéné.

Aliénant, e

Qui soumet à des contraintes, qui rendent esclave, asservissant. (Qui prive de liberté).

Aliénation des consciences

Fait d'éloigner ou de rendre une personne hostile ou sensible à quelque chose.

Aliénation

Transmission à autrui d'un bien ou d'un droit. Abandon ou perte d'un droit naturel.

Aliéner

Transmettre à autrui la propriété d'un bien, d'un droit. Renoncer à un droit naturel. Eloigner, rendre une personne hostile à quelqu'un.

Anar

Abréviation de anarchiste depuis 1901).

Anarchie

État de trouble, de désordre en l'absence d'autorité politique, à la carence de lois ; État de confusion générale.

Anarchique

Situation qui tient de l'anarchie, qui est en proie à l'anarchie.

Anarchiquement

De façon anarchique.

Anarchisant, e

Personne qui tend vers l'anarchisme ; qui a des sympathies pour l'anarchisme.

Anarchisme

Doctrine politique qui préconise la suppression de l'État et de toute contrainte sociale sur l'individu.

Anarchiste

Partisan de l'anarchisme, - anar, - qui relève de l'anarchie.

Anathème

Condamnation publique ; blâme sévère, solennel.

Anomie

Absence ou affaiblissement des normes, des règles ou des lois dans une société.

- affaiblissement ou carence de règles permettant d'assurer le bon fonctionnement de la société ;
- indifférence de certains individus à l'égard de la société elle-même, de ses buts et de ses règles.

Arnaque

Escroquerie, tromperie.

Arnaquer

Escroquer, duper. Arrêter, appréhender. Se faire arnaquer par la police.

Arnaqueur, euse

Personne qui arnaque.

Arroger (s')

(S') attribuer indûment.

Arroser

Verser de l'argent à quelqu'un pour obtenir une faveur.

Appât

Ce qui pousse à agir ou permet d'attraper, d'induire le comportement voulu.

Anti-valeurs

Ensemble de mauvais comportements, des vices tout ce qui est opposé à la morale, à la dignité, à la norme dans une société, dans une communauté.

Antipathie

Hostilité instructive à l'égard de quelqu'un ou de quelque chose ; aversion, dégoût.

Antipathique

Personne qui inspire de l'antipathie.

Appât de la prévarication

Ce qui pousse quelqu'un à agir dans le sens contraire à la loi, à la morale.

Appâter

Attirer avec un appât ; séduire, attirer par la promesse d'une récompense, d'un gain.

Arbitraire

Acte qui dépend de la seule volonté, du libre choix et non de l'observation d'une loi, d'une règle. Dépendant du bon plaisir, aux dépens de la justice ou de la raison. Qui ne tient pas compte de la réalité ; sans fondement.

Arbitrairement

De façon arbitraire.

Asservir

Réduire à un état de dépendance absolue.

Asservissant, e

Quelque chose qui asservit ; aliénant.

Asservissement

Action d'asservir ; état de la personne qui est asservi.

Assoiffé, e

Avide de.

Assumer

Prendre volontairement sur soi, se charger de ; accepter les conséquences de.

Astreignant, e

Quelque chose qui astreint ; qui soumet à des contraintes importantes.

Astreinte (être)

Etre tenu de se rendre disponible pour assurer les urgences d'un service.

Atroce

Quelque chose qui provoque de la répulsion par sa cruauté, sa dureté ou sa laideur ; barbare, odieux. Pénible à endurer ; insupportable. Désagréable.

Atrocement

De manière atroce.

Atrocité

Caractère de ce qui est atroce, désagreable, pénible ; Cruauté.

Astuce

Manière d'agir, de parler qui dénote de l'habileté, de la finesse.

Astucieusement

De façon astucieuse.

Astucieux, euse

Personne qui fait preuve d'astuce, dénote de l'ingéniosité ; habile, ingénieux (se).

Atteinte

Préjudice matériel ou moral ; dommage.

Attentat aux mœurs

Acte qui excite, facilite ou favorise la débauche ou la corruption d'une personne mineure de l'un ou l'autre sexe et ayant été commis en vue de satisfaire la passion d'autrui.

Atout

Chance de réussir ; avantage.

Automate

Personne dénuée de réflexion ou d'initiative.

Automatique

Acte qui ne fait pas intervenir la pensée consciente.

Automatiquement

De façon inévitable, systématique.

Automatisme

Acte, geste accompli sans réfléchir, par habitude ou après apprentissage.

Avantager

Donner un ou des avantages à, favoriser.

Avantageusement

De façon avantageuse ; favorablement.

Avantageux, euse

Acte qui procure un avantage, un profit. Peu coûteux ; intéressant.

Avare

Personne qui aime amasser des richesses, de l'argent et craignant dépenser. Plus on aime les richesses, l'argent plus on est disposé à la corruption.

Avarice

Attachement excessif aux richesses et désir de les accumuler.

Avaricieux, euse

Personne qui montre l'avarice dans les plus petites choses.

Aventure

Entreprise qui comporte des risques.

Aventurier, ère

Personne sans scrupule ; intrigant (e).

Avéré, e

Reconnu vrai, authentique.

Avertissement

Action d'avertir, de faire savoir. Fait de réprimander ; remontrance. Appel à l'attention ou à la prudence.

Aveu

Déclaration par laquelle on avoue, on révèle, ou reconnaît quelque chose. (Avouer sa culpabilité).

Aveuglant, e

Qu'on ne peut nier ; flagrant.

Aveuglement

Manque de discernement par passion ; obstination.

Aveugler

Priver de discernement, de lucidité.

Avide

Personne qui manifeste un désir ardent et immodéré de quelque chose.

Avidement

Avec avidité.

Avidité

Désir ardent et immodéré de quelque chose. Désir intense des biens matériels, grande cupidité.

Avilir

Abaisser jusqu'à rendre méprisable ; dégrader, déshonorer.

Avilissant, e

Acte déshonorant, dégradant.

Avilissement

Action d'avilir, fait de s'avilir ; dégradation.

Bafouer

Se moquer de, tourner en ridicule ; outrager.

Bâillonnement

Action de bâillonner.

Bâillonner

Mettre dans l'impossibilité de s'exprimer librement ; museler.

Balancer

Etre indécis ; hésiter.

Banqueroute

Délit commis par un commerçant qui, à la suite d'agissements irréguliers ou frauduleux, est en état de cessation de paiement.

Banqueroutier, ère

Personne qui fait banqueroute.

Bannir

Exclure, écarter définitivement.

Baratin

Bavardage destiné à séduire ou à tromper.

Baratiner

Faire du baratin, raconter des boniments.

Barrer

Fermer un passage au moyen d'une barre, d'un obstacle.
Empêcher quelqu'un à poser un acte, obstruer le passage.

Bastion

Quelque chose qui soutient, défend efficacement.

Berner

Tromper, leurrer, jouer un mauvais tour à.

Besogne

Travail imposé à quelqu'un par sa profession ou par des circonstances particulières ; tâche, ouvrage que son chef lui demande de faire pour les intérêts privés de ce dernier. Abus d'autorité ou de pouvoir.

Bêtise

Manque d'intelligence, de jugement ; stupidité. Action irréfléchie, imprudente ou répréhensible.

Bévue

Erreur grossière faite par méprise ; impair.

Biaisé, e

Faussé intentionnellement par rapport à la réalité, au résultat.

Bidon

Se dit de quelqu'un qui n'est pas ce qu'il prétend être.
Pas assez. Un rapport bidon.

Bizarre

Acte qui sort de l'ordinaire ; étrange, déconcertant.

Bizarrement

De façon bizarre.

Bizarrerie

Caractère de ce qui est bizarre, étrange, surprenante.

Blâmable

Action qui mérite le blâme ; condamnable.

Blanc, Blanche

Personne qui n'a commis aucune faute morale ; innocente, pure.

Blanchir

Démontrer l'innocence de quelqu'un ; disculper ; innocenter.

Blocage

Action de bloquer.

Bloquer

Empêcher de bouger, de se déplacer, immobiliser complètement. Suspendre la libre disposition de quelque chose ; empêcher tout mouvement d'augmentation ou de diminution.

Bluff

Attitude, parole d'une personne qui veut faire illusion, donner le change.

Bon, bonne

Conforme à la norme, à la morale ; qui se distingue par ses qualités propres.

Bousiller

Exécuter grossièrement et très vite une tâche ; bâcler un travail. Ceci peut être le résultat sollicité par un corrupteur à un agent subalterne pour son objectif.

Boycottage ou Boycott

Cessation volontaire de toutes relations, en particulier commerciales, avec un individu, un groupe, un pays, afin d'exercer une pression ou par représailles.

Boycotter

S'abstenir individuellement ou collectivement de participer à un événement de la vie publique.

Brader

Se débarrasser de quelque chose à bas prix ou à n'importe quel prix.

Mettre quelqu'un en contact avec.

Brouiller la piste

Faire perdre les traces de, rendre les recherches difficiles.

Business

Affaire compliquée.

Butin

Produit d'un vol, d'un pillage.

Causer

Etre la cause de quelque chose ; occasionner.

Cerveau

Centre de direction, d'organisation ; personne qui a conçu, préparé un coup, une affaire.

Chantage

Procédé pour obtenir de quelqu'un ce qu'on désire en utilisant des moyens de pression psychologiques, en lui faisant peur.

Chute

Fait de s'écrouler ; ruine, effondrement. Le fait de commettre une faute, de tomber dans la déchéance.

Code d'éthique

Ensemble des règles de morale.

Code de bonne conduite de l'agent public de l'État

Vade-mecum prescrivant les règles de conduite de l'agent public vis-à-vis des usagers de services de l'État ; il permet à responsabiliser l'Agent par rapport aux textes légaux et réglementaires en vigueur et, par voie de conséquence, à améliorer son image de marque. C'est un instrument de la bonne gouvernance, qui formule les règles essentielles à suivre par l'agent.

Compromettre

Exposer quelque chose à une atteinte, à un dommage.

Compromettre (se)

Engager, risquer sa réputation.

Compromis

Accord obtenu par des concessions réciproques ; arrangements.

Compromission

Action de compromettre ou de se compromettre ; concession faite par lâcheté ou par intérêt. Action compromettante.

Conciliabule

Suite d'entretiens, de discussions plus ou moins secrètes.

Corps de moralisateurs

Groupe ou ensemble de personnes ayant la profession de donner des leçons de morale, qui édifient ou prétendent édifier.

Coup bas

Procédé déloyal.

Court-circuiter

Ne pas suivre la voie hiérarchique pour atteindre un but, ne pas tenir compte des intermédiaires.

Crédibilité

Caractère crédible.

Crédible

Quelqu'un que l'on peut croire, à qui l'on peut se fier.

Déshonnête

Contraire à la morale, à la pudeur ; inconvenant, indécent.

Déshonneur

État d'une personne déshonorée ; déconsidération, indignité.

Déshonorant, e

Acte qui déshonore.

Déshonorer

Porter atteinte à l'honneur.

Déviance

Comportement qui s'écarte des normes admises par une société.

Déviant, e

S'écartant de la règle, de la norme, qui a une conduite de déviance.

Déviation

Fait de dévier, de s'écarter d'une direction normale, habituelle ou déterminée à l'avance.

Dilapidateur, trice

Personne qui dépense sans mesure.

Discriminant, e

Acte, attitude introduisant une discrimination entre les individus.

Discriminatoire

Acte tendant à opérer une discrimination entre des personnes.

Discriminer

Etablir une différence, une distinction entre des individus ou des choses.

Droit, e

De façon honnête.

Droit

Faculté d'accomplir ou non quelque chose, d'exiger quelque chose d'autrui, en vertu de règles reconnues, individuelles ou collectives ; pouvoir, autorisation.

Dupe

Personne qui a été trompée où que l'on peut tromper aisément.

Duper

Tromper, abuser.

Duperie

Tromperie, mystification.

Dupeur, eusse

Personne qui dupe.

Egarer

Mettre dans l'erreur, faire prendre une mauvaise direction à ; détourner, fourvoyer.

Ex : Les témoignages d'un corrompu ont égaré les enquêteurs.

Egoïsme

Tendance qui porte un individu à se préoccuper exclusivement de son propre plaisir et de son propre intérêt sans se soucier de ceux des autres.

Egoïste

Individu qui fait preuve d'égoïsme.

Egoïstement

Avec égoïsme.

Equité

Justice naturelle ou morale dans l'appréciation de ce qui est dû à chacun ; vertu qui consiste à régler sa conduite sur le sentiment naturel de justice et de l'injustice ; droiture, justice, impartialité.

Enfreindre

Ne pas respecter un ordre, une loi, un règlement, une convention. Ne pas leur obéir.

Entrave

Empêchement, obstacle. Un corrompu est souvent auteur de plusieurs entraves, là où il travaille si le service qui lui est demandé l'exige.

Escroc

Personne qui escroque.

Escroquer

S'emparer de quelque chose d'une façon malhonnête, frauduleuse.

Faux-sens

Interprétation erronée du sens d'un mot dans un texte.

Feindre

Simuler pour tromper.

Fins privées

Gain, avantage personnel.

Flagrant, e

Acte, comportement que l'on ne peut nier ; évident, incontestable, patent.

Fléau

Ce qui est redoutablement néfaste, dangereux (criquets : fléau des récoltes) corruption : fléau de nos sociétés)

Flou, e

Ambiguïté dans le discours, l'attitude. Une personne corrompue tient le plus souvent un discours flou.

Flouer

Voler, duper quelqu'un.

Fossoyeur, eusse

Personne qui cause la ruine de quelque chose, qui l'anéantit.

Frauder

Commettre une fraude.

Action faite de mauvaise foi pour tromper ;-falsification punie par la loi (œuvres d'art, ventes des marchandises)-action de soustraire des marchandises aux droits de douane.

Fraudeur, eusse

Personne qui fraude ; qui manifeste un goût, une aptitude pour la fraude.

Frauduleusement

De façon frauduleuse ; en fraude.

Frauduleux, euse

Entaché de fraude.

Gâcher

Compromettre l'existence, la qualité de quelque chose, gaspiller.

Gâchis

Action de gâcher, de perdre, par une mauvaise utilisation, une mauvaise organisation, désordre, gaspillage qui en résulte.

Gaffe

Action, parole maladroite.

Gaffer

Commettre une maladresse.

Gaffeur, euse

Personne qui commet des gaffes, des maladresses.

Guet-apens

Machination perfide.

Honnête

Acte qui est conforme ou qui se conforme aux règles de la morale de la probité, de la loyauté.

Honnêtement

De façon honnête.

Honnêteté

Qualité d'une personne ou d'un comportement honnête.

Honneur

Sentiment que l'on a de sa dignité morale, fierté vis-à-vis de soi et des autres.

Honorabilité

État, qualité d'une personne honorable.

Honorable

Digne de considération, d'estime. Qui fait honneur, qui attire la considération.

Honorablement

De façon honorable.

Honte

Sentiment pénible provoqué par une faute commise, par une humiliation, par la crainte du déshonneur. Action, parole qui provoque un sentiment de honte, de scandale.

Honteusement

D'une façon honteuse.

Honteux, eusse

Qui cause, manifeste de la honte, du déshonneur, un sentiment d'humiliation, de gène.

Immoral, e, aux

Qui agit contrairement à la morale établie ; qui est contraire à cette morale. (Une personne, un livre,...)

Immoralement

De façon immorale.

Immoralité

Caractère d'une personne ou d'une chose immorale ; acte immoral.

Impartial, e, aux

Personne, acte qui ne favorise pas l'un aux dépens de l'autre qui n'exprime aucun parti pris ; équitable. Un corrompu n'est plus impartial.

Impartialement

De façon impartiale, objectivement, équitablement.

Impartialité

Absence de parti pris généralement associée à la neutralité, l'équité, l'objectivité, la notion de la justice.

Imposteur

Personne qui trompe par de fausses apparences, qui se fait passer pour quelqu'un d'autre.

Imposture

Action, procédé de quelqu'un qui cherche à tromper par de fausses apparences ou des allégations mensongères, notamment en usurpant une qualité, un titre, une identité, ou en présentant une œuvre pour ce qu'elle n'est pas.

Ex : Dénoncer les impostures d'une réserve, d'un corrupteur.

Inacceptable

Que l'on ne peut, que l'on ne doit pas accepter.

Indécemment

De façon indécente.

Indécence

Caractère d'une personne, d'une chose indécente, qui viole les règles de la pudeur.

Indécent, e

Personne ou acte qui viole les règles de la pudeur, inconvenant.

Indigne

Personne ou acte qui n'est pas digne de quelque chose, qui ne le mérite pas.

Indigné, e

Personne qui éprouve, ressent de l'indignation.

Indignement

De façon indigne.

Indigner

Exciter, provoquer la colère, la révolte de.

Indignité

Caractère d'une personne, d'un acte indigne.

Influençable

Qui se laisse influencer.

Influence

Action qu'une personne exerce sur une autre ; ascendant, autorité.

Influencer

Exercer une influence sur quelqu'un ou sur quelque chose.

Innocemment

De façon innocente, sans vouloir mal faire.

Innocence

Absence de culpabilité.

Innocent, e

Personne qui n'est pas coupable de ce dont on le soupçonne.

Innocenter

Déclarer innocent ; établir l'innocence de quelqu'un.

Inspirateur, trice

Personne qui inspire une action, qui en est l'instigatrice.

Instigateur, trisse

Personne qui pousse à faire quelque chose, inspirateur.

Instrument

Personne ou chose qui est employée pour atteindre un résultat ; moyen.

Insu de (à l')

Sans qu'on s'en doute, en échappant à l'attention des autres personnes.

Intérêt

Attachement exclusif à ce qui est avantageux pour soi, en particulier à l'argent.

Intérêt général occulte

Avantage communautaire passé sous silence, dissimulé ou bafoué.

Intérêt privé

Intérêt individuel, particulier, personnel.

Intervenir

Prendre part volontairement à une action pour en modifier le cours.

Intervention

Action d'intervenir dans une situation quelconque, un débat, une action.

Inversion des valeurs

Perversion, immoralité.

Liste noire

Ensemble de personnes que l'on considère avec suspicion, avec lesquelles on s'interdit certaines transactions, etc.

Magouiller

Se livrer à des magouilles.

Magouilleur, eusse

Personne qui magouille.

Magouille ou magouillage

Lutte d'influence, série de combinaisons douteuses ou malhonnêtes entre des groupes, des organisations quelconques ou entre des personnes à l'intérieur d'un groupe.

Mains sales

Personne étant souillé dans la magouille, le vol.

Mal

Ce qui est contraire au bien, à la vertu ; ce qui est condamné par la morale.

Malhonnête

Personne, action, langage qui enfreint les règles de la probité, de l'honnêteté. Qui choque à la décence, la pudeur ; inconvenant.

Malhonnêtement

De façon contraire à la probité.

Malhonnêteté

Manque de probité ni honneur, absence de décence. Action contraire à l'honnêteté.

Manipulable

Personne ou quelque chose que l'on peut manipuler.

Manipulateur, trice

Personne qui manipule.

Manipuler

Amener insidieusement quelqu'un à tel ou tel comportement, le diriger à sa guise ; manœuvrer, souvent après l'avoir corrompu.

Manipulation

Entreprise occulte exercée sur un individu ou sur un groupe.
Action ou manière de manipuler un objet, une personne.

Marchander

Accorder à regret, avec parcimonie ou en exigeant certains avantages.

Marchander l'information

Acte consistant à exiger un avantage, de l'argent avant de livrer l'information que l'on détient et censé être donné gratuitement.

Marginal, e, aux

Se dit de quelqu'un qui vit en marge de la société organisée, faute de pouvoir s'y intégrer ou par refus de se soumettre à ses normes.

Marginalement

De façon marginale.

Marginalisation

Fait de devenir marginal, d'être marginalisé.

Marginaliser

Tendre à exclure quelqu'un, un groupe de la société, à lui faire perdre son intégration sociale.

Marginalité

Caractère, état d'une personne ou d'une chose marginale.

Margoulin

Commerçant, homme d'affaires peu scrupuleux.

Mascarade

Mise en scène trompeuse ; comédie, imposture.

Mater

Réduire à l'impuissance, à l'obéissance.

Méfait

Action mauvaise, nuisible et, en particulier, crime ou délit. Les méfaits de la corruption.

Méfiance

État d'esprit de quelqu'un qui se tient sur ses gardes face à quelqu'un d'autre ou à propos de quelque chose.

Méfiant, e

Personne qui manifeste de la méfiance.

Méfier (se) (de)

Manquer de confiance, être soupçonneux. Faire attention, se tenir sur ses gardes. La corruption est prohibée : méfié-toi.

Mépris

Sentiment par lequel on juge quelqu'un, sa conduite condamnable, indigne d'estime, d'attention.

Méprisable

Digne de mépris.

Méprisant, e

Personne ou acte qui manifeste du mépris.

Mépriser

Avoir ou témoigner du mépris pour quelqu'un.

Monnayable

Acte, service qui peut être monnayé, vendu. Dont on peut tirer un profit, susceptible d'être rémunéré, payé.

Monnayage des services

Acte qui consiste à se faire payer, ou exiger de l'argent pour un service qui devait être gratuit.

Monnayer

Tirer un profit, de l'argent de.

Moral, e, aux

Conforme à ces règles, admis comme honnête, juste.

Morale

Théorie du bien et du mal, fixant par des énoncés normatifs les fins de l'action humaine. Le bien est ce qui est conforme à un idéal, à la morale, à la justice.

Moralement

Au point de vue de la morale.

Moralité

Attitude, conduite morale ; principes.

Neutralité

État d'une personne ou du pouvoir public de rester neutre. Un gouvernant ou une personne corrompue cesse d'être neutre, il prend parti.

Neutre

Pouvoir public ou personne qui s'abstient de prendre parti, de s'engager d'un côté ou de l'autre.

Noircir

Rendre noir.

Noir

Attitude qui marque ou manifeste le pessimisme, la tristesse, le malheur, etc. Exemple : le corrupteur est entrain de broyer du noir pour n'avoir pas réussi son coup.

Noirceur

Méchanceté extrême ; perfide.

Noircissement

Action, fait de noircir.

Normal, e, aux

Acte ou quelque chose qui est conforme à une moyenne considérée comme norme.

Normalement

De façon normale. En principe.

Normalité

Caractère de ce qui est conforme à une norme, considéré comme l'état normal.

Normalisateur, trice

Personne ou objet qui normalise.

Normalisation

Action de normaliser.

Norme

Critère principal auquel se réfère tout jugement de valeur morale ou esthétique. C'est l'état habituel, conforme à la règle établie.

Obéir

Se soumettre à la volonté de quelqu'un, à un règlement. Céder à une incitation, à un sentiment.

Obéissance

Action de celui qui obéit, disposition à obéir.

Obéissant, e

Personne qui fait preuve d'obéissance.

Obligation

Contrainte, devoir qu'imposent la loi, la morale, les conventions sociales, les circonstances. Lien de droit par lequel une personne est tenue de faire ou de ne pas faire quelque chose.

Obliger

Imposer comme devoir, lier par une loi, une convention. Contraindre, forcer, mettre dans la nécessité.

Obligé, e

Redevable, reconnaissant.

Obligeance

Disposition, penchant à rendre service, à faire plaisir.

Obligeant, e

Quelqu'un qui aime à rendre service,à faire plaisir ; aimable.

Pervers, e

Personne qui manifeste de la perversité ; méchante, cruelle.

Perversité

Disposition active à faire le mal intentionnellement.

Pervertir

Transformer, changer en mal ; Corrompre.

Pervertissement

Action de pervertir ; état de ce qui est perverti ; corruption.

Perversion

Action de pervertir ; fait d'être perverti.

Pourrissement

Dégradation, détérioration.

Pourriture

Corruption morale de quelqu'un, d'un milieu.

Préjugé

- Jugement provisoire formé par avance à partir d'indices qu'on interprète.
- Opinion adoptée sans examen par généralisation hâtive d'une expérience personnelle ou imposée par le milieu, l'éducation.

Préjuger

- Juger, décider d'avance avant d'avoir tous les éléments d'information nécessaires.
- Prévoir par conjecture ; porter un jugement prématuré sur.

Probe

D'une honnêteté stricte, scrupuleuse.

Probité

Caractère d'une personne probe ; observation rigoureuse des principes de la justice et de la morale. (Droiture, intégrité, honnêteté)

Promettre

S'engager verbalement ou par écrit à faire, à dire, à donner quelque chose.

Promis, e

Dont on a fait la promesse.

Rançonnement

Action de rançonner quelqu'un.

Rançonner

Exiger de quelqu'un, par la contrainte, la remise de l'argent, d'objets de valeur.

Rançonneur, euse

Personne qui rançonne.

Rapace

Avide d'argent, cupide.

Recel

Infraction consistant à détenir sciemment des choses enlevées, détournées ou détenues à l'aide d'un crime ou d'un délit, ou à soustraire quelqu'un aux recherches de la justice.

Receler

Détenir, garder en sa possession des objets volés par un autre. Soustraire quelqu'un aux recherches de la justice.

Receleur, euse

Personne qui recèle.

Réclamer un don

Obliger quelqu'un, après l'avoir servi, de vous faire un don alors qu'il se donne volontairement et pour un but bien déterminé.

Renoncer

Cesser de s'attacher à quelque chose ; se résoudre à cesser toute relation avec quelqu'un. Renoncer à ses opinions.

Renonciation

Acte par lequel on renonce à une chose, à un droit, à une charge, à une fonction.

Risque

Danger, inconvénient plus ou moins probable auquel on est exposé. Quelque chose qui comporte un risque ; dangereux, hasardeux. Accepter la corruption est un acte d'un caractère osé, licencieux.

Risquer

Exposer à un risque, à un danger possible, à une éventualité fâcheuse.

Rocambolesque

Extravagant, plein de péripéties qui paraissent invraisemblables.

Suborner

Inciter un ou plusieurs témoins à faire de faux témoignages.

Suborneur, eusse

Personne qui suborne un témoin.

Transgression

Action de transgresser, violation.

Transgresser

Ne pas obéir à un ordre, à une loi, ne pas les respecter, enfreindre, violer.

Travestir

Transformer la nature ou le caractère de quelque chose en le rendant méconnaissable, falsifier, déformer, trahir.

Travestissement

Action ou manière de travestir ou de se travestir ; déguisement.

Triche

Familier, seulement avec l'article défini singulier.
Fait de tricher, de tromper. C'est de la triche.

Tricher

Enfreindre les règles d'un jeu, d'un sport pour gagner. Tromper, mentir sur la valeur, la quantité de quelque chose.

Tricherie

Action de tricher. Tromperie quelconque, abus de confiance.

Tricheur, eusse

Personne qui triche, qui a l'habitude de tricher.

Tromper

Abuser de la confiance de quelqu'un en usant de mensonge, de dissimulation, berner.

Tromperie

Action faite pour tromper.

Trompeur, euse

Qui trompe, qui induit en erreur. (Discours, apparence, gentillesse, personne).

Trompeusement

De façon trompeuse.

Truc

Savoir-faire, procédé, astuce.

Truquage ou trucage

Emploi de moyens adroits et peu délicats pour arriver à ses fins, par la tromperie.

Truquer

Modifier de manière occulte et frauduleuse certains éléments d'une opération.

Truqueur, eusse

Personne qui use de procédés indélicats pour tromper, pour falsifier (des objets, des opérations).

Vade-mecum du citoyen

Essai d'inventaire des valeurs morales et spirituelles allant du respect, du sacré à celui de la vie en passant par la bonne gouvernance, entendue comme le respect des biens communs, et la bonne gestion de la chose publique. Ce qui conduit à la proscription des anti-valeurs telle la corruption.

Valeur

Importance, prix attaché à quelque chose.

Valeurs morales

Ensemble de normes, de règles de conduite propres à une société donnée.

Vénalité

Caractère d'une personne vénale, c'est-à-dire prête à se vendre pour de l'argent, ou facilement corruptible.

Versatile

Changeant facilement d'opinion, inconstant, changeant, lunatique.

Versatilité

Caractère versatile.

Vice

Penchant particulier pour quelque chose, défaut dont on ne peut se débarrasser. Imperfection, défaut dans l'état de quelqu'un ou de quelque chose.

Vicier

Corrompre, gâter la pureté de ; altérer (le jugement de quelqu'un)

Vicieusement

De façon vicieuse.

Vicieux, eusse

Exécuté avec ruse, pour tromper.

Victime

Personne ou groupe qui souffre de l'hostilité de quelqu'un, de ses propres agissements, des événements.

Violation

Action de transgresser une loi, une règle, un engagement.

Violateur, trice

Personne qui viole les lois, les engagements.

Violer

Transgresser, enfreindre.

Viscéral, e, aux

Venant des profondeurs de l'être.

Viscéralement

De façon viscérale ; profondément.

Volatiliser

Faire disparaître et en particulier, voler, subtiliser.

11. ASPECTS POLITIQUES DE LA CORRUPTION

"La lutte contre la corruption menée dans les régions où elle constitue une tare majeure est un art difficile, car le chef de l'État, qui est aussi fort souvent le corrompu-en-chef, peut, en voulant sauver l'essentiel, mettre en branle un processus qui, au bout du compte, l'emportera".

Pierre Péan ;
L'argent noir, corruption et sous-développement, 1988.

"Après la tyrannie, c'est la corruption qui est le grand mal des États (et que) plusieurs façons de soigner le mal s'offrent au bon médecin".

John T. Noonan,
Bribes, Berkeley, university of California press, 1987

"Il est des sentiments que rien ne peut toucher sous peine de corruption".

Tennessee Williams

"Je crois qu'on ne peut pas définitivement supprimer la corruption dans le monde et dans notre pays tant qu'à tous les niveaux, toutes les taches de transformation de la société n'auront pas été accomplies et même tant que notre environnement économique, politique, social n'aura pas lui aussi été sur des positions qui favorisent la lutte contre la corruption. Il y a des corrompus parce qu'il y a des corrupteurs".

Thomas Sankara

Abstention coupable de fonctionnaire

Acte infractionnel commis par un agent public de l'État, consistant dans le fait de :

- retarder ou retenir le règlement de fonds ou deniers publics destinés au paiement des rémunérations, traitements, salaires et créances dus par l'État ou par une société étatique, para étatique, d'économie mixte ou privée où l'État a des intérêts ;
- s'abstenir volontairement de faire, dans les délais impartis par la loi ou par les règlements, un acte de sa fonction ou de son emploi et qui lui est demandé régulièrement ;
- retarder de façon manifestement exagérée l'accomplissement d'un acte de sa fonction ou de son emploi pour lequel aucun délai n'a été préétabli et qui lui a été demandé régulièrement.

Cette infraction rentre dans la catégorie du noyau dur de la corruption.

Abus d'autorité ou abus de pouvoir

Usage excessif d'un droit, d'un pouvoir, d'une fonction par son titulaire dans le but d'en tirer un avantage personnel.

- Contrainte morale, prenant appui sur une autorité de fait ou de droit, exercée sur une personne, pour l'amener à accomplir un acte juridique (mariage, contrat, etc.) ou non (séduction dolosive, par ex.) ;
- Ensemble des qualifications pénales s'appliquant aux fonctionnaires qui commettent un délit dans l'exercice de leurs fonctions, soit contre un particulier, soit contre la chose publique.

Abus de biens sociaux

Délit commis par un responsable de société en utilisant les biens, le crédit ou la réputation de la société dans la perspective d'en tirer un avantage personnel direct ou indirect (en avantageant une autre entreprise dans laquelle il est intéressé directement ou indirectement) aux dépens de l'intérêt de la société et de ses membres aussi bien associés que salariés.

Abus de position dominante

Infraction prévue par le droit de la concurrence pour sanctionner une entreprise en situation de domination, à cause de son pouvoir de marché qui profite de sa position pour s'émanciper des conditions que devraient lui imposer le marché.

Affaire politico-financière

Arrangement illégal, à but lucratif, entre des personnalités politiques et des organisations ou entreprises. Il s'agit généralement de détournements de fonds publics, de commissions occultes, de pots-de-vin ou d'emplois fictifs qui permettent de monnayer l'agrément d'un homme de pouvoir ou de financer de manière délictueuse un parti politique. Il ne s'agit donc ni plus ni moins que de fraude, de corruption et d'abus de biens sociaux.

Agent public

Tout fonctionnaire ou employé de l'État ou de ses institutions, y compris ceux qui ont été sélectionnés, nommés ou élus pour entreprendre des activités ou exercer des fonctions au nom ou au service de l'État, à tout niveau de sa hiérarchie.

Agent public étranger

Toute personne qui détient un mandat législatif, administratif ou judiciaire dans un pays étranger, qu'elle ait été nommée ou élue, toute personne exerçant une fonction publique pour un pays étranger, y compris pour une entreprise ou un organisme publics et tout fonctionnaire ou agent d'une organisation internationale publique.

Aliénation des biens de l'État

Vente, disparition, affectation définitive à des tiers.

Transmission des biens publics par un dirigeant à des tierces personnes, contrairement à l'intérêt de l'État.

Antidémocratique

Oppose à la démocratie, à ses principes.

Arbitraire

Quelque chose qui dépend de la seule volonté, du libre choix, et non de l'observation d'une loi, d'une règle.

Arbitrairement

De façon arbitraire.

Assujetti, e

Personne entrant dans le champ d'application d'un impôt ou d'une taxe, ou tenue de s'affilier à un organisme.

Assujettir

Placer un peuple, une nation sous domination, sous dépendance totale.

Assujettissant, e

Qui assujettit, astreint, exige beaucoup d'assiduité (travail, métier)

Assujettissement

Action d'assujettir ; fait d'être assujetti.

Autorisation

Action d'autoriser ; permission donnée par quelqu'un ; document qui autorise.

Autorisé, e

Quelqu'un ou quelque chose qui bénéficie d'une autorisation.

Autoriser

Accorder la permission, le pouvoir ou le droit de. Rendre possible ou légitime ; permettre.

Autoritaire

Personne qui fait sentir son autorité d'une manière absolue, sans tolérer la contradiction.

Autoritairement

De façon autoritaire.

Autoritarisme

Caractère autoritaire, pouvant amener quelqu'un à pratiquer le trafic d'influence ou l'abus de pouvoir pour ses propres intérêts.

Autorité

Droit, pouvoir de commander, de prendre des décisions, de se faire obéir. Qualité, ascendant par lequel quelqu'un se fait obéir.

Aval

Soutien, approbation donnée à la réalisation d'une action.

Avaliser

Appuyer en donnant sa caution.

Avoirs de potentats

Fonds publics détournés par certains chefs d'État et hauts fonctionnaires (personnes exposées politiquement, PEP) pour s'enrichir illégalement au détriment de leur État.

Complot

Dessein concerté secrètement entre plusieurs personnes et dirigé contre un individu, une institution.

Comploter

Former un complot. Préparer secrètement et de concert.

Comploteur, euse

Personne qui complote, qui fomente un, des complots.

Civique

Propre au bon citoyen, comportement dévoué envers la collectivité, l'État.

Civisme

Sens civique. Dévouement envers la collectivité.

Despote

Chef d'État, souverain qui s'arroge un pouvoir absolu et arbitraire. Personne qui exerce sur son entourage une domination excessive.

Despotique

Propre au despote, à l'arbitraire de son pouvoir. Quelqu'un qui manifeste un caractère très autoritaire ; tyrannique.

Despotiquement

De façon despotique.

Despotisme

Forme de gouvernement dans lequel une seule personne détient tous les pouvoirs.

Dictateur

Personne qui, parvenue au pouvoir, gouverne arbitrairement et sans contrôle démocratique ; autocrate. Personne très autoritaire.

Dictatorial, e, aux

Relatif à une dictature. Pouvoir dictatorial.

Dictatorialement

De façon dictatoriale.

Dictature

Régime politique instauré par un dictateur. Pouvoir absolu exercé par quelqu'un, par un groupe ; tyrannie.

Discrétionnaire (pouvoir)

Liberté laissée à l'administration de prendre l'initiative de certaines mesures.

État partie

Membre ayant ratifié la convention ou y ayant adhéré, et ayant déposé ses instruments de ratification ou d'adhésion auprès de l'organe compétent.

État partie requérant

État partie soumettant une demande d'extradition ou d'entraide judiciaire.

État partie requis

État partie auquel est adressée une demande d'extradition ou d'entraide judiciaire.

Favoritisme politique

Action par laquelle quelqu'un qui occupe un poste décisionnel attribue à quelqu'un d'autre des faveurs ou des récompenses, telles que des charges publiques, des emplois, des subventions, du prestige ou d'autres avantages convoités, en contrepartie d'un service valorisé, tel qu'un vote pour un parti politique ou encore du financement ou du travail accordé pour une campagne électorale. La relation entre le favorisant et le favorisé est habituellement inégale, sélective et discrétionnaire. En général, le favorisant accorde des faveurs non pas à tous les favorisés potentiels, mais seulement à quelques-uns de son choix.

Instabilité politique

Pouvoir public caractérisé par un manque de stabilité d'équilibre, de constance, un régime politique précaire.

Marché public

Contrat administratif conclu à titre onéreux passé avec des personnes publiques ou privées et qui répond aux besoins de l'administration en matière de fournitures, services et travaux.

Nation

Grande communauté humaine, le plus souvent installée sur un même territoire et qui possède une unité historique, linguistique, culturelle, économique plus ou moins forte.

National, e, aux

Relatif à une nation, qui lui appartient. Qui intéresse l'ensemble d'un pays.

Nationalisme

Doctrine qui affirme la prééminence de l'intérêt de la nation par rapport aux intérêts des groupes, des classes, des individus qui la constitue.

Oligarque

Membre d'une oligarchie. Terme employé couramment en Russie pour désigner certaines personnalités de premier plan qui se sont enrichies à partir de la perestroïka, à la faveur de la transition de l'économie russe vers l'économie de marché et notamment des privatisations, en grande partie par des méthodes de corruption et de détournement d'argent.

Pantouflage

A l'origine, le mot *pantoufle* désignait, dans l'argot de l'Ecole Polytechnique, le montant à rembourser en cas de non-respect de l'engagement décennal. C'est assez souvent l'entreprise recrutant le fonctionnaire qui s'acquitte de la *pantoufle*.

Le terme *pantouflage* s'applique aussi aux hommes politiques qui, suite à un échec électoral ou à la perte d'un portefeuille ministériel, occupent un poste grassement rémunéré dans une entreprise privée sans réelles responsabilités, en attendant l'occasion de revenir sur la scène politique. On parle alors également d'emplois fictifs.

Passation des marchés publics

Contrat par lequel un entrepreneur s'engage, moyennant un paiement convenu, à fournir une prestation à l'administration. En principe, la passation des marchés publics a lieu par adjudication ou appel d'offres.

Patriote

Personne qui aime sa patrie, qui s'efforce de la servir.

Patriotisme

Amour de la patrie.

Patriotique

Relatif au patriotisme.

Patriotiquement

En patriote.

Public, ique

Qui concerne la collectivité (peuple, nation, État) dans son ensemble ou qui en émane.

République

Régime politique dans lequel le pouvoir est partagé et où la fonction de chef de l'État n'est pas héréditaire.

Systèmes favorables à la corruption

Régimes politiques non démocratiques ayant les caractéristiques suivantes :

- Concentration de l'autorité dans les mains du pouvoir exécutif et faiblesse ou absence de freins et contrepoids ;
- Manque de transparence des décisions du pouvoir exécutif allié à des limites de l'accès à l'information ;
- Systèmes de réglementations complexes autorisant des prises de décisions discrétionnaires ;
- Faiblesse des systèmes de supervision et d'application des règlements.
- Etc.

Tyran

Souverain despotique, injuste, cruel. Personne qui abuse de son autorité.

Tyrannique

Loi ou pouvoir qui a le caractère de la tyrannie ; despotique.

Tyranniquement

De façon tyrannique.

Tyranniser

Exercer une autorité excessive sur ; opprimer, persécuter.

12. ASPECTS JURIDIQUES DE LA CORRUPTION

"Il y a deux façons de se laisser corrompre en politique : la première, se laisser corrompre tout simplement ; l'autre, fréquenter les politiciens."

Robert Brisebois
L'Amour c'est tout, le hasard c'est autre chose

"Les peines pour corruption devraient être proportionnelles à l'ampleur de la gratification pour un fonctionnaire public et à l'ampleur du profit retiré de l'acte de corruption pour un usager corrompu".

Susan Rose-Ackerman.
Corruption: A study in political economy,
(New York academic press, 1978)

"Mieux vaut se tromper en agissant que de refuser d'agir. La stagnation est pire que la mort, elle est aussi corruption".

William Gilmore Simms (1806-1870)

"Plusieurs magistrats européens et des personnalités du monde entier dénoncent les effets dévastateurs de la grande corruption et de son corollaire : l'impunité".

Déclaration de Paris contre la corruption,
19 juin 2003

Abus

Usage injustifié ou excessif de quelque chose ; mauvais usage.

Abus de confiance

Délit consistant à tromper la confiance d'autrui, et notamment à détourner des objets ou des valeurs confiées à titre précaire.

Abus de dénonciation

Infraction consistant à signaler faussement un coupable à la justice. Accusation erronée.

Abus de droit

Opération conclue sous la forme d'un contrat ou d'un acte juridique quelconque dans le but d'éluder l'impôt.

Agir ou s'abstenir d'agir dans l'exécution des fonctions officielles

Toute utilisation qui est faite de la position officielle de l'agent public, que cette utilisation relève ou non des compétences conférées à cet agent

Annonce

Action d'annoncer, de faire connaître. Elément qui constitue un signe, un indice, un présage. Avis, message verbal ou écrit donné à quelqu'un ou au public.

Annoncé, e

Se dit d'un événement totalement prévisible.

Annoncer

Faire savoir, rendre public. Etre le messager de, laisser présager.

Antécédent

Actes antérieurs de quelqu'un permettant de comprendre, de juger sa conduite actuelle.

Antenne

Moyen d'information plus ou moins secret.

Anticonformisme

Opposition aux usages établis, aux traditions ; non-respect de ces usages, des traditions.

Anticonformiste

Personne qui fait preuve d'anticonformisme.

Anticonstitutionnel, elle

Contraire à la constitution et à ses principes.

Anticonstitutionnellement

Contrairement a la constitution et à ses principes.

Apparence

Phénomène qui se présente immédiatement à la vue, à la pensée.

Appréciable

Acte qui peut être apprécié, évalué ; dont on peut apprécier la valeur ; sensible, notable.

Approprier (s')

S'octroyer la possession de, faire sien ; s'attribuer. S'octroyer ou se donner.

Apeurer

Faire peur ; effrayer. Des regards apeurés.

Appréciateur, trice

Personne qui apprécie, estime la valeur de quelque chose, de quelqu'un.

Appréciation

Action d'apprécier ; évaluation. Jugement porté sur quelque chose, sur quelqu'un.

Apprécier

Déterminer la valeur, l'importance de ; estimer.

Appréhender

Procéder à l'arrestation de quelqu'un, craindre, redouter la venue de quelque chose de désagréable, de dangereux.

Comprendre la signification de.

Appréhensif, ive

Personne qui a tendance à appréhender, à craindre.

Appréhension

Crainte vague, indéfinie.

Arrestation

Action d'arrêter quelqu'un par autorité de justice ou de police ; Exemple : état d'une personne arrêtée.

Arrêt

Action d'arrêter, de s'arrêter.

Décision rendue par une juridiction supérieure. Exemple : Arrêt de la cour de cassation.

Arrêté

Décision exécutoire de certaines autorités administratives.

Ascendant

Autorité, influence morale qu'une personne exerce sur quelqu'un, sur un groupe.

Ascension

Action de monter, de gravir, de progresser vers le haut. Fait de s'élever socialement.

Assimilable

Acte qui peut être assimilé.

Assimilé, e

Personne liée à d'autres par intérêt commun ou par similarité de cas.

Attaquable

Quelque chose qui peut être attaqué.

Attaquer

Incriminer, critiquer avec une certaine violence, verbalement ou par écrit. Intenter une action judiciaire.

Atteinte à la liberté d'accès et à l'égalité des candidats dans la passation des marchés publics

Fait, pour une personne dépositaire de l'autorité publique ou chargée d'une mission de service public ou par une personne investie d'un mandat électif public ou exerçant les fonctions de représentant [...] de procurer ou tenter de procurer à autrui un avantage injustifié par un acte contraire aux dispositions légales ou réglementaires ayant pour objet de garantir la liberté d'accès et l'égalité des candidats dans la passation des marchés par l'État et les collectivités ou organismes.

Atterrer

Jeter dans la stupéfaction ; consterner, accabler.

Attestation

Déclaration verbale ou écrite qui témoigne de la véracité d'un fait, certifie.

Attester

Constituer une preuve ou un témoignage. Prendre à témoin.

Auteur

Personne qui est à l'origine d'une chose, responsable d'un acte de corruption.

Attachant, e

Plaît, émeut, touche la sensibilité ; qui suscite de l'intérêt.

Autosatisfaction

Contentement de soi.

A-valoir

Somme à imputer sur une créance.

Avance

Paiement anticipé de tout ou partie d'une somme due ; prêt consenti dans des conditions déterminées.

Avancement

Promotion dans une carrière.

Avantage

Gain résultant d'un acte juridique ou d'une disposition légale.

Avis

Ce que l'on pense d'un sujet, que l'on exprime dans une discussion ou à la demande de quelqu'un ; opinion, point de vue, sentiment.

Avisé, e

Quelqu'un qui a un jugement réfléchi et agit avec prudence et sagacité ; sage, habile.

Aviser

Donner une information ; avertir.

Avouer

Reconnaître qu'on est l'auteur, le responsable de quelque chose de blâmable, de regrettable. Reconnaître sa culpabilité. Exemple : le corrupteur avoue son forfait.

Avoir

Ensemble des biens qu'on possède.

Bande

Groupe de personnes réunies par affinités ou pour faire quelque chose ensemble.

Bandit

Personne qui pratique le vol et la criminalité. Personne sans scrupule.

Banditisme

Ensemble d'actions criminelles commises ; criminalité. Comportement criminel.

Cachet

Rétribution perçue pour une collaboration à un spectacle, à une émission, à une mission.

Cachot

Cellule où un prisonnier est mis à l'isolement.

Cas

Situation de quelqu'un ou de quelque chose ; fait, circonstance.

Casquette

Fonction sociale, qui confère autorité pour faire quelque chose.

Causal, e, als, aux

Acte qui annonce un rapport de cause à effet.

Causalité

Rapport qui unit la cause à l'effet.

Cause

Acte qui produit un effet, détermine un phénomène ; ce par quoi quelque chose existe.

Charge

Poids matériel ou moral. Indice ou présomption pouvant faire croire à la culpabilité de quelqu'un.

Châtier

Punir sévèrement, corriger.

Châtiment

Action de châtier ; sanction sévère frappant un coupable ou punissant une faute grave.

Clarification

Action de clarifier ; fait de devenir clair.
Action de démentir, d'expliquer.

Clarifier

Rendre plus simple à comprendre, éclaircir, élucider.

Clémence

Disposition qui porte à épargner un coupable ou à atténuer son châtiment.

Collaborateur, trice

Personne qui travaille avec une autre, d'autre.

Collaboration

Action de collaborer avec quelqu'un à quelque chose.

Collimateur (Avoir quelqu'un dans le)

Le surveiller de près, se préparer à l'attaquer ou à le contrer.

Combat

Lutte contre des éléments hostiles, des difficultés.

Combattre

S'opposer fortement à quelqu'un, à quelque chose ; s'élever contre. Exemple : combattre la corruption sous toutes ses formes.

Combinard, e

Personne qui use des combines, des moyens souvent plus ingénieux qu'honnêtes pour arriver à ses fins pour obtenir quelque chose..

Combine

Moyen habile et peu scrupuleux pour parvenir à ses fins.

Complice

Personne qui participe au délit, au crime d'un autre. Qui manifeste une connivence avec quelqu'un.

Complicité

Participation à un crime, à un délit. Entente secrète, connivence.

Commanditer

Organiser, financer un crime, un délit.

Compère

Complice en astuces, en supercheries ; acolyte.

Compétence

Capacité reconnue en telle ou telle matière, et qui donne le droit d'en juger.

Concussionnaire

Coupable de concussion.

Condamnable

Qui mérite d'être condamné (personne, opinion, attitude).

Condamnation

Action de blâmer sévèrement, de reprouver ; acte, fait écrit portant témoignage contre quelqu'un, quelque chose. Décision d'une juridiction prononçant une peine contre l'auteur d'une infraction ; la peine infligée.

Condamné, e

Personne qui a fait l'objet d'une condamnation définitive.

Condamner

Prononcer une peine par jugement contre la personne jugée coupable d'une infraction.

Condition

Chose, circonstance à laquelle est subordonné l'accomplissement d'une action, ou soumise à la production d'un phénomène.

Conditionné, e

Déterminé à agir de telle ou telle façon par des stimulus, des pressions extérieures.

Confesser

Avouer, reconnaître ce qu'on aurait voulu garder secret.

Confidence

Déclaration faite en secret à quelqu'un.

Confidentiel, elle

Acte qui se dit, se fait en confidence ; qui contient des informations secrètes.

Confiscable

Objet pouvant être confisqué.

Confiscation

Sanction ou mesure donnant lieu à une privation définitive des biens, gains ou produits, ordonnée par un tribunal à l'issue d'un procès intenté pour une ou plusieurs infractions pénales relevant de la corruption.

Confiscatoire

Situation qui a tous les caractères d'une confiscation.

Confisquer

Déposséder par un acte d'autorité ; procéder à une confiscation.

Consentant, e

Personne qui consent, accepte que quelque chose se fasse. Qui donne son accord, qui autorise.

Consentement

Action de consentir ; accord, acceptation.

Consentir

Accepter que quelque chose se fasse. Accorder, autoriser.

Coupable

Personne responsable d'un crime, d'un délit, qui est à l'origine d'une faute, d'un mal.

Craquer

Tomber sous le charme de quelqu'un, céder à l'attrait de quelque chose.

Culpabilisant, e

Quelque chose qui culpabilise.

Culpabilisation

Action de culpabiliser ; fait d'être culpabilisé.

Culpabiliser

Fait de rendre coupable ou de charger quelqu'un de culpabilité alors qu'il n'en a pas lui-même le sentiment ; état d'une personne coupable. Avouer sa culpabilité.

Culpabilité

Fait d'être coupable ; état d'une personne coupable.

Cupide

Avide d'argent.

Cupidement

Avec cupidité.

Dédommagement

Réparation d'un dommage ; compensation.

Dédommager

Fournir à quelqu'un un dédommagement, une compensation pour le préjudice qu'il a subi, la peine qu'il a prise.

Déclaration de soupçon

Affirmation de l'existence d'éléments clés de signalement des cas irréguliers commis par une personne suspecte qui est faite à la justice ou à un autre endroit approprié.

Défiance

Crainte d'être trompé, méfiance ; manque de confiance, Soupçon.

Défiant, e

Pénétré de défiance, de la crante d'être trompé ; soupçonneux, méfiant, circonspect. Un caractère, un homme défiant.

Déguisement

Dissimulation.

Déguiser

Cacher, dissimuler.

Déguiser l'origine illicite

Dissimuler la provenance douteuse ou prohibée de quelque chose pour qu'elle soit acceptée dans le circuit économique régulier.

Délation

Dénonciation intéressée et méprisable.

Délibéré, e

Mûrement réfléchi, conscient. Avoir la volonté délibérée de corrompre ou de se faire corrompre.

Délibérément

Après avoir réfléchi, volontairement, intentionnellement.

Délit

Infraction punie d'une peine correctionnelle (par opposition à contravention et à crime).

Délit de favoritisme

Violation des règles imposant la liberté d'accès et l'égalité des candidats dans les marchés publics ou également dans « l'octroi d'avantages injustifiés ».

Délit d'initié

Infraction commise par ceux qui, disposant, avant le public, d'informations privilégiées sur le marché des valeurs mobilières, réalisent en bourse des opérations bénéficiaires.

Déloyal, e, aux

Qui dénote de manque de loyauté, trahissant la confiance de quelqu'un. Souvent une personne corrompue devient déloyale.

Déloyalement

Avec déloyauté.

Déloyauté

Caractère déloyal, malhonnête. Acte déloyal.

Démasquer

Faire apparaître, faire connaître la vraie nature de quelqu'un. Dévoiler en dissipant les apparences.

Démotivant, e

Acte qui démotive. Le bas salaire démotive et prédispose quelqu'un à la corruption.

Démotivation

Action de démotiver ; état qui ou résulte.

Démotive, e

Quelqu'un qui a perdu toute motivation.

Dénoncer

Signaler comme coupable à la justice, à l'autorité compétente. De s'élever publiquement contre.

Dénonciation

Action de dénoncer ; délation.

Dépouiller

Déposséder entièrement quelqu'un de quelque chose, de ses biens, de l'intérêt général.

Dépravant, e

Acte, comportement qui déprave.

Dépravation

État de corruption, d'avilissement.

Dépravé, e

Personne dont la moralité est corrompue ; perverti, débauché.

Déprédateur, trice

Personne qui commet l'acte de déprédation.

Dérober

S'approprier furtivement le bien d'autrui.

Déroger

Manquer à un principe de conduite, un usage ; enfreindre. Déroger à la loi.

Désaveu

Refus d'approuver ou de continuer d'approuver quelqu'un, quelque chose.

Désistement

Action de se désister.

Désister (se)

Renoncer à un droit, à une procédure, à une poursuite. Se retirer, renoncer à maintenir sa candidature à une élection, à un concours ; etc.…

Détecter

Déceler l'existence de ce qui est caché, à peine perceptible.

Devoir

Acte, comportement obligé par la loi, la morale, etc.

Dévoilement

Action de dévoiler, fait de se dévoiler, leur résultat.

Dévoiler

Laisser apparaître, découvrir, révéler ce qui était caché, secret.

Digne

Méritant l'estime, le respect. Un corrupteur ou un corrompu, une fois découvert, n'est plus digne.

Dignement

Avec dignité, comme il faut.

Dignité

Respect dû à une personne, à une chose ou à soi-même. Une personne peut compromettre sa dignité en voulant corrompre ou en acceptant qu'il soit corrompu.

Diffamation

Paroles ou écrits causant du tort à la bonne réputation d'une personne.

Disculpation

Action de disculper.

Disculper

Prouver l'innocence de.

Disparaître

Etre soustrait, égaré ou volé.

Disparition

Fait de disparaître.

Disgrâce

Perte de la faveur, de l'estime dont quelqu'un ou quelque chose jouissait.

Disgracier

Retirer à quelqu'un la faveur dont il jouissait.

Divulgateur, trice

Personne qui divulgue une information.

Divulgation

Action de divulguer, de révéler ce qui n'était pas connu. Par exemple : la divulgation d'un acte de corruption.

Divulguer

Répandre dans le public ce qui était jusque-là ignoré ou mal connu. Divulguer un réseau de corruption.

Dommage

Préjudice moral ou corporel subi par quelqu'un ; dégâts causés à ses biens.

Dommages et intérêts

Compensation financière à laquelle peut prétendre une personne qui a subi un préjudice moral ou une atteinte dans son patrimoine ou les deux à la foi. Qu'il s'agisse du dommage né d'un retard ou de la réparation d'un délit ou d'un crime, la réparation qui s'opère par équivalent se fait par le versement d'un capital ou d'une rente. Ces sommes sont des dommages-intérêts. Leur mesure est fonction de la perte subie et du gain manqué.

Droit mou

Système judiciaire qui cède facilement aux différentes interprétations imposées par certains oligarques qui sont à leur profit.

Fait

Événement susceptible de produire un effet de droit.

Falsifiable

Susceptible d'être falsifié. Un document facilement falsifiable.

Falsificateur, trice

Personne qui falsifie.

Falsification

Action de falsifier, état d'une chose falsifié.

Falsification de sceaux

- Fabrication des cachets en imitant ou modifiant le cachet officiel.
- Utilisation de l'un de ces faux cachets et /ou de le mettre en vente.

Fausse déclaration

Affirmation mensongère de l'existence d'une situation juridique ou d'un fait.

Fausses dénonciations

Signaler faussement quelqu'un comme coupable à la justice à l'autorité compétente dans le but de nuire ou de satisfaire un tiers.

Fausses factures

Faux documents qu'on utilise pour obtenir le remboursement des dépenses supposées engagées.

Faux en écriture

Toute falsification des actes écrits pouvant servir de preuves à des droits ou à des obligations.

Fausse promesse

Engagement non tenu ou non respecté. Promesse irréalisée.

Faux, fausse

Contraire à ce qui est vrai ou juste, à l'exactitude, à la logique.

Faux-fuyant

Moyen détourné de se tirer d'embarras, d'éluder une question.

Faux-monnayeur

Personne qui fabrique de la fausse monnaie, des faux billets de banque.

Faux-semblant

Ruse, prétexte mensonger, apparence trompeuse. Il a agi sous des faux-semblants d'humanité.

Infraction

Action ou comportement défini par la loi et sanctionné par une peine.

Infraction de corruption d'agents publics étrangers

Le fait intentionnel, pour toute personne, d'offrir, de promettre ou d'octroyer un avantage indu pécuniaire ou autre, directement ou par des intermédiaires, à un agent public étranger, à son profit ou au profit d'un tiers, pour que cet agent agisse ou s'abstienne d'agir dans l'exécution des fonctions officielles, en vue d'obtenir ou conserver un marché ou un autre avantage indu dans le commerce international.

Le fait de se rendre complice d'un acte de corruption d'un agent public étranger, y compris par instigation, assistance ou autorisation.

Manquant, e

Se dit de quelqu'un qui est absent ou de quelque chose qui est en moins.

Niveau

Degré atteint dans un domaine ; valeur.

Observateur, trice

Personne qui sait observer et regarder avec un esprit critique.

Observation

Action de se conformer à ce qui est précis.

Observatoire

Organisme, groupe chargé d'observer des faits politiques, économiques, sociaux,…

Observer

Prêter attention à ; remarquer, constater, noter. – Respecter, se conformer à ce qui est présent par la loi, les usages, etc.

Omettre

Oublier ou négliger de faire ou de dire quelque chose.

Opposé, e

Qui diffère totalement, contraire, contradictoire. En acceptant la corruption, on s'oppose aux lois et règlements qui vous régissent. Intérêts, caractères opposés.

Opposer (s')

Ne pas accepter quelque chose ; faire obstacle à. s'opposer à la corruption.

Opposition

Action de s'opposer, de résister, de faire obstacle à quelqu'un, a quelque chose.

Pactiser

Conclure un pacte avec quelqu'un. Avoir une indulgence coupable pour quelque chose ; transiger.

Pénal, e aux

Relatif aux infractions et aux peines qui peuvent frapper leurs auteurs.

Pénalement

Du point de vue pénal.

Pénalité

Peine, sanction.

Personne lésée

Quelqu'un à qui on a fait du tort, dont les intérêts sont touchés.

Persuader

Amener quelqu'un à croire, à faire, à vouloir quelque chose, convaincre.

Persuasif, ive

Quelque chose capable de persuader, convaincant.

Persuasion

Action de persuader. Fait d'être persuadé.

Préjudice

Dommage qui est causé à autrui d'une manière volontaire et involontaire. Le préjudice peut être causé par le fait d'une personne, par le fait d'un animal ou d'une chose, ou encore par la survenance d'un événement naturel.

Préjudiciable

Acte qui porte ou qui est susceptible de porter préjudice.

Préjudicié, e

Victime d'un préjudice.

Préjudiciel, elle

(Droit) Question préjudicielle : question qu'un tribunal n'a pas compétence pour trancher et sur laquelle il doit donc surseoir à statuer jusqu'à ce qu'elle ait été jugée par une autre juridiction.

Pression

Contrainte, influence exercée sur quelqu'un.

Prime

Somme d'argent ou don accordé à titre de récompense, indemnité ou d'encouragement. Ce qu'on donne en plus, cadeau offert à un client pour l'attirer ou le retenir.

Prise illégale d'intérêts

Le fait pour une personne dépositaire de l'autorité publique ou chargée d'une mission ou service public ou pour une personne investie d'un mandat électif public de prendre, recevoir ou conserver directement ou indirectement, un intérêt quelconque dans une entreprise ou dans une opération dont elle a, au moment de l'acte, en tout ou en partie, la charge d'assurer la surveillance, l'administration, la liquidation ou le paiement.

Produit du crime

Tout bien provenant directement ou indirectement de la commission d'une infraction ou obtenu directement ou indirectement en la commentant.

Réparation

Dédommagement d'un préjudice par la personne qui en est responsable, peine frappant l'auteur d'une infraction.

Repérer

Déterminer la position exacte de ; localiser.

Répréhensible

Digne de blâme.

Réprimer

Empêcher par la contrainte le développement d'une action jugée dangereuse.

Réseau

Ensemble de personnes qui sont en liaison, qui travaillent ensemble.

Rétention

Action de garder pour soi ce qu'on devrait mettre en circulation ou diffuser.

Retenir

Garder par devers soi ce qui est à un autre.

Révélateur, trice

Personne, situation qui indique, révèle.

Révélation

Action de révéler ; ce qui est révélé.

Révéler

Faire connaître ce qui était inconnu et secret ; dévoiler, communiquer.

Revirement

Changement brusque et complet. Un allié d'une personne (candidat) est souvent l'objet d'un revirement lorsqu'il est corrompu.

Saisie

Prise de possession, par l'administration fiscale ou douanière, ou par la justice, de produits d'une infraction, des moyens ayant servi à la commettre ou des objets utiles à la preuve en matière pénale.

-voie d'exécution forcée par laquelle un créancier s'assure des biens de son débiteur en vue de garantir le paiement d'une dette.

Saisie conservatoire

Procédure permettant au créancier de faire mettre les biens meubles de son débiteur sous le contrôle de la justice, pour éviter que celui-ci ne les fasse disparaître ou ne les aliène.

Saisie-arrêt

Saisie par laquelle un créancier (saisissant) immobilise entre les mains d'un tiers (tiers saisie) des sommes dues ou des objets mobiliers appartenant au débiteur du saisissant (saisi).

Saisie-brandon

Saisie des fruits non encore récoltés.

Saisie-exécution

Saisie des meubles corporels du débiteur, exigeant un titre exécutoire, dans le dessein d'en opérer la vente aux enchères au profit des créanciers.

Saisie-gagerie

Saisie conservatoire pratiquée par le bailleur sur les meubles d'un locataire qui ne paie pas son loyer.

Saisie-revendication

Saisie conservatoire autorisée en justice en faveur du propriétaire, de l'usufruitier ou du créancier gagiste, qui prétend avoir un droit réel sur meuble détenu par un tiers.

Saisine

Fait de saisir une juridiction.

Saisir

Prendre quelqu'un avec la ou les mains, d'un mouvement rapide, pour le tenir ou s'y retenir fermement.

Saisissable

Quelque chose qui peut faire l'objet d'une saisie.

Saisissant, e

Qui émeut vivement, qui jette l'effroi (une nouvelle)

Salaire

Rémunération du travail effectué par une personne pour le compte d'une autre, en vertu d'un contrat de travail.

Sanction

Peine prévue pour réprimer l'inexécution d'une loi, d'un règlement, d'une obligation.

Scrupule

Inquiétude de conscience, hésitation inspirée par une grande délicatesse morale.

Scrupuleusement

De façon scrupuleuse.

Scrupuleux, euse

Qui manifeste un soin minutieux et de la rigueur ; minutieux. Un chercheur scrupuleux, une recherche scrupuleuse.

Secret, e

Qui n'est pas apparent, intime, mystérieux. (Dossier, argent, etc.).

Secret

Discrétion, silence qui entoure quelque chose. Révéler un secret.

Secrètement

En secret.

Séduction

Action, fait de séduire, d'attirer par un charme irrésistible. Le pouvoir de séduction de l'argent.

Séduire

Obtenir les faveurs de quelqu'un.

Séduisant, e

Qui est propre à tenter quelqu'un ; alléchant. (Un projet, une promesse, etc.)

Séparable

Quelque chose qui peut être séparé, se séparer.

Séparation

Action de séparer, d'isoler ; fait d'être séparé.

Séparer

Mettre à part, éloigner l'une de l'autre les choses, les personnes qui étaient ensemble.

Service de filature

Service spécialisé de la police ayant pour mission de filer quelqu'un, le suivant pour noter ses faits et gestes.

Servir

S'acquitter de certains devoirs, de certaines fonctions envers quelqu'un, une collectivité.

Signalement

Description physique de quelqu'un, destinée à le faire reconnaître.

Sollicitation

Prière, démarche instante en faveur de quelqu'un.

Soupçon

Opinion défavorable à l'égard de quelqu'un, de son comportement, fondée sur des indices, des impressions des intuitions, mais sans preuves précises. Etre au dessus de tout soupçon.

Soupçonnable

Personne qui peut être soupçonnée.

Soupçonner

Avoir de soupçons sur quelqu'un ; suspecter. On l'a soupçonné de corruption. Un policier soupçonneux.

Soupçonneusement

Avec soupçon.

Soupçonneux, euse

Enclin aux soupçons ; défiant.

Soustraction et détournement des fonds

Le fait, par une personne dépositaire de l'autorité publique ou chargée d'une mission de service public, un comptable public, un dépositaire public ou l'un de ses subordonnés, de détruire, détourner, ou soustraire un acte ou un titre, ou des fonds publics ou privés ou effets, pièces ou titres en tenant lieu, ou tout autre objet qui lui a été remis en raison de ses fonctions ou de sa mission.

Suspect, e

Qui inspire de la méfiance, réveille les soupçons, notamment sur son authenticité, sa qualité. Une conduite suspecte.

Suspecter

Tenir pour suspect, soupçonner.

Subtilisation

Action de subtiliser.

Subtiliser

Dérober adroitement, sans se faire remarquer.

Sujets consentants

Acteurs, personnes qui se mettent d'accord pour accomplir un acte. Ici, il s'agit du corrupteur et du corrompu.

Surcoût

Coût supplémentaire.

Surfacturation

Facturation d'un bien ou d'un service plus élevée que son coût réel. Généralement effectuée dans une intention frauduleuse.

Surveillance

Action de surveiller.

Surveiller

Observer attentivement pour contrôler.

Système judiciaire inadéquat

Une justice mal organisée, qui n'est pas adaptée ou qui est tout simplement inappropriée.

Témoignage

Acte par lequel une personne atteste l'existence d'un fait dont elle a eu personnellement connaissance.

Témoignage en justice (faux)

Fait de porter un faux témoignage devant les tribunaux, ou fait de pousser quelqu'un, pour de l'argent, à porter un faux témoignage devant les tribunaux.

Témoignage en justice (refus)

Abstention volontaire du témoin qui possède la preuve de l'innocence d'une personne incarcérée ou jugée pour une infraction punissable.

Témoigner

Révéler, rapporter ce qu'on sait ; faire une déposition en justice.

Témoin

Personne qui a vu ou entendu quelque chose et peut éventuellement le rapporter, le certifier.

Témoin discret

Témoin qui est réservé dans ses paroles et dans ses actions et capable de discernement.

Témoin instrumentaire

Témoin dont la présence est indispensable pour la validité de certains actes authentiques.

Témoin à charge

Personne appelée à témoigner sous serment en justice pour rapporter ce qu'elle a entendu, vu, ou ce qu'elle sait.

Témoin gênant

Personne qui a vu ou entendu quelque chose qui concerne quelqu'un et pouvant éventuellement le rapporter, le certifier objectivement, en sa défaveur.

Tentant, e

Qui fait naître un désir, une envie. (Une promesse, un projet, etc.)

Tentateur, trice

Personne qui tente, qui cherche à séduire.

Tentation

Tout ce qui tente, attire, incite à quelque chose, crée le désir, l'envie.

Ex : le sexe, l'argent, etc.… utilisé dans la corruption.

Tentative

Commencement d'exécution d'une infraction.

Tergiversation

Action de tergiverser ; hésitation, flottement.

Tergiverser

Recourir à des détours, à des faux-fuyants, pour éviter d'agir ou de prendre une décision ; hésiter. C'est souvent le comportement qu'on observe chez quelqu'un qui est corrompu.

Tolérance

Attitude qui consiste à admettre chez autrui une manière de penser ou d'agir différente de celle qu'on adopte soi-même.

Tolérer

Laisser se produire ou subsister une chose qu'on aurait le droit ou la possibilité d'empêcher. Tolérer certaines pratiques de corruption dans son entreprise.

Tracasserie

Ennui causé à quelqu'un pour des motifs futiles.

Trahir

Abandonner, cesser d'être fidèle à ; ne pas respecter un engagement pris. Plusieurs personnes ont trahi pour avoir été corrompues.

Trahison

Manquement à une promesse, à un engagement.

Traiter

Régler les conditions d'un marché, d'une affaire.

Train de vie

Manière de vivre de quelqu'un, considérée par rapport à ses revenus.

Train de vie très luxueux par rapport à ses revenus

Mener une vie d'aisance très prononcée, souvent sans commune mesure avec sa maigre rémunération. Il y a nécessairement un enrichissement illicite.

Usurpateur, trice

Personne qui usurpe, prive quelqu'un par des moyens illégitimes d'un droit, d'un pouvoir, d'un bien, etc.

Usurpation

Action d'usurper ; fait d'être usurpé. Fait de s'arroger l'usage d'une chose ou l'exercice d'un pouvoir appartenant à autrui.

Usurpation de fonction publique

Fait de se faire passer faussement pour un fonctionnaire public.

Usurpatoire

Acte ayant le caractère d'une usurpation.

Usurper

S'approprier indûment, par violence ou par ruse, un droit, un bien qui appartient à autrui, le pouvoir, etc.

13. ACTES ET PRATIQUES DE LUTTE CONTRE LA CORRUPTION

"La corruption altère le lien entre gouvernants et gouvernés, élus et électeurs, défait le contrat social et pour tout dire, désymbolise le politique qui se réduit dès lors à un syndicat d'intérêts où tout se négocie, s'achète et se vend".

COMMISSION ROZES.

"Ne commets aucun acte dans ta vie, qui te fasse craindre que ton voisin ne l'apprenne".

(Épicure / 341-270 avant JC / Sentences vaticanes)

"La corruption institutionnalisée engendre l'aliénation de tout un peuple, obligé de survivre en pratiquant lui aussi la corruption, de telle sorte que tout le monde, à un moment où à un autre, est corrupteur ou corrompu".

David J. Gould
(Bureaucratic corruption and underdevelopment in the third world, Pergamon Press, New York, 1980).

"Les élites politiques (des pays en développement) et leurs affidés continuent de toucher des pots-de-vin chaque fois que l'occasion s'en présente. Main dans la main avec des hommes d'affaires véreux, ils enchaînent des nations entières dans la pauvreté".

Peter Eigen, Président de Transparency international

Alerte

Appel, signal qui prévient de la menace d'un danger, invite à prendre les mesures pour y faire face. Perception d'une menace soudaine d'un danger.

Alerter

Prévenir quelqu'un d'un danger, inviter à se tenir prêt à l'action. Mettre en éveil, attirer l'attention de. Alerter l'opinion.

Amende

Sanction ou peine pécuniaire.

Anticonjoncturel, elle

Destiné à redresser une conjoncture économique défavorable.

Anti-Gang (brigade)

Service de police judiciaire constitué spécialement pour la lutte contre la grande criminalité (Hold-up, enlèvements, etc.).

Anti-fraude

Opposé à la fraude.

Armes de luttes contre la corruption

Ensemble des dispositifs juridiques et légaux mise en place pour combattre la corruption sous toutes ses formes.

Assainir

Rendre sain ou plus sain. Ramener à la normale ; purifier. Assainir les finances publiques.

Assainissement

Action d'assainir.

Assurance

Sentiment de certitude absolue ; garantie formelle. Confiance en soi.

Attorney général

Terme qu'on emploie aux U.S.A. pour désigner une personne qui détient le monopole des poursuites en matière de corruption d'agents publics étrangers. Il peut être le conseiller juridique du gouvernement ou des quelques juridictions. Il peut également avoir la responsabilité des poursuites publiques.

Audit

Procédure de contrôle de la comptabilité et de la gestion d'une entreprise et de l'exécution de ses objectifs.

Auditer

Soumettre une entreprise, un compte, à un audit.

Autonomie

Possibilité de décider, pour un organisme, un individu, sans en référer à un pouvoir central, à une hiérarchie, une autorité ; indépendance. C'est un des facteurs essentiels de l'efficacité des institutions de contrôle chargés de la lutte anticorruption.

Bonne gouvernance

Exercice du pouvoir par les divers paliers de gouvernement de façon efficace, honnête, équitable, transparente et responsable. Autrement dit la gouvernance est l'assise du développement et la bonne gouvernance, le fondement de la gestion participative, démocratique et transparente des affaires publiques. Ainsi définie, la bonne gouvernance doit être considérée comme un moyen d'aider les gouvernements à atteindre leurs objectifs en matière de développement humain et d'élimination de la pauvreté.

En d'autres termes c'est un mode de gestion de la chose publique dans laquelle le cadre législatif est clair et le système judiciaire adéquat. Il y a transparence, responsabilisation et liberté de presse.

Les caractéristiques de la bonne gouvernance sont les suivantes

L'obligation de rendre compte

Les administrations publiques sont capables et désireuses de montrer en quoi leur action et leurs décisions sont conformes à des objectifs précis et convenus.

La transparence

L'action, les décisions et la prise de décision des administrations publiques sont, dans une certaine mesure, ouvertes à l'examen des autres secteurs de l'administration, du Parlement, de la société civile et parfois d'institutions et d'autorités extérieures.

L'efficience et efficacité

Les administrations publiques s'attachent à une production de qualité, notamment dans les services rendus aux citoyens, et veillent à ce que leurs prestations répondent à l'intention des responsables de l'action publique.

La réceptivité

Les autorités publiques ont les moyens et la flexibilité voulus pour répondre rapidement à l'évolution de la société, tiennent compte des attentes de la société civile lorsqu'elles définissent l'intérêt général et elles sont prêtes à faire l'examen critique du rôle de l'État.

La prospective

Les autorités publiques sont en mesure d'anticiper les problèmes qui se poseront à partir des données disponibles et des tendances observées, ainsi que d'élaborer des politiques qui tiennent compte de l'évolution des coûts et des changements prévisibles (démographiques, économiques, environnementaux, par exemple).

La primauté du droit

Les autorités publiques font appliquer les lois, la réglementation et les codes en toute égalité et en toute transparence.

Braver

Affronter sans peur. Transgresser orgueilleusement ; défier. Braver l'autorité en se faisant corrompre au vu et au su de tout le monde ; le cas de la police de circulation routière en R.D.C.

Brigade anti-fraude

Service de police spécialisée dans la lutte contre la fraude.

Contre-pouvoir

Personne ou structure qui est en opposition avec ceux qui sont aux affaires, qui gèrent.

Coopération inter-police

Collaboration des polices de plus de deux pays dans une affaire de crime organisé.

Cour des comptes

Juridiction administrative, chargée principalement de juger la régularité des comptes publics, contrôler l'usage des fonds publics par les ordonnateurs, les entreprises publiques, ou même les organismes privés bénéficiant d'une aide de l'État, et enfin d'informer le Parlement, le Gouvernement et l'opinion publique sur la conformité des comptes.

Déballage

Confession sans retenue. Dénonciation impitoyable.

Déballer

Exposer, confier une information sans retenue.

Dérégulation

Une des stratégies efficace de la lutte contre la corruption signifiant abolition de toute intervention prohibitive du gouvernement permettant ainsi aux forces du marché de fonctionner efficacement.

Dispositif de lutte contre la corruption

Ensemble des mesures prises, des moyens mis en œuvre dans le but de prévenir et de combattre la corruption.

Eventrer le boa

Dénonciation des méfaits d'un opérateur politique, économique, social, ….

Entraide judiciaire

Coopération internationale occasionnelle en matière judiciaire entre deux ou plusieurs pays.

Eradication

Action de supprimer un phénomène indésirable .le cas de la corruption.

Eradiquer

Accomplir une éradication.

État de droit

État dans lequel les pouvoirs publics sont soumis de manière effective au respect de la légalité par voie de contrôle juridictionnel.

Extrader

Livrer quelqu'un par extradition.

Extradition

Action de livrer l'auteur d'une infraction à l'État étranger qui le réclame, pour qu'il puisse être jugé et exécuter sa peine.

Facilitation

Action de faciliter, d'alléger la tâche à quelqu'un pour l'obtention de quelque chose, rendre la tâche facile à quelqu'un dans le but de recevoir quelque chose en retour.

Facilités

Commodités, conditions spéciales accordées pour faire quelque chose.

Faciliter

Rendre facile, aisé.

Gestion transparente

Gestion claire pour tous ; sans travestissement ni dissimulation. Une bonne gestion.

Gel

Interdiction temporaire du transfert, de la conversion, de la disposition ou du mouvement de biens, ou le fait d'assumer temporairement la garde ou le contrôle de biens sur décision d'un tribunal ou d'une autre autorité compétente.

Gouvernance

Manière dont les gouvernements gèrent les ressources sociales et économiques d'un pays.

Indemnisation des dommages

Réparation de l'intégralité du préjudice subi, pouvant porter sur les dommages patrimoniaux, le manque à gagner et les préjudices extra-patrimoniaux.

Indemniser

Dédommager quelqu'un de ses frais, de ses pertes, d'un préjudice.

Indemnité

- Avantage social.
- Forme de compensation financière destinée à réparer un dommage. « Indemnisation » « dédommagement » et « réparation » sont synonymes.

Indépendance

État d'une personne ou d'un organisme indépendant, libre, autonome. C'est un des facteurs essentiels de l'efficacité des institutions de contrôle chargées de la lutte anticorruption.

Indépendance d'esprit

Esprit libre de toute dépendance, qui ne dépend de personne.

Indépendant, e

Libre de toute sujétion, de toute dépendance. Peuple indépendant.

Intègre

D'une probité absolue ; incorruptible.

Intégrité

Composante clé qui complète la rédevabilité et la transparence. Elle a pour corollaires l'incorruptibilité et l'absence d'influences extérieures, sources de dysfonctionnement ; elle est synonyme d'honnêteté. Dans la fonction publique, l'intégrité exige que les titulaires de charges ne contractent pas d'obligations financières ou autres envers des personnes ou des organisations extérieures susceptibles d'avoir sur eux une influence dans l'exercice de leurs fonctions officielles. L'intégrité n'est pas une fin en soi mais une pratique qui mène a la fourniture efficace de services et de prestations que le public est en droit de recevoir de ceux qui le gouvernent.

Intérêt général

Intérêt commun, qui s'applique à un grand nombre d'individus.

Interdit, e

Acte ou quelque chose qui est l'objet d'une interdiction. Par exemple la corruption.

Interdire

Défendre à quelqu'un, empêcher quelqu'un d'utiliser, de faire.

Interdiction

Action d'interdire, défense.

Interpellation

Action d'interpeller : - sommation faite à quelqu'un d'avoir à dire, à faire quelque chose.

Interpeller

Sommer quelqu'un de répondre, lui demander de s'expliquer sur un fait ; vérifier son identité, l'arrêter. Le corrompu ou le corrupteur peut être interpellé.

Juge

Magistrat chargé de rendre la justice en appliquant les lois.

Jugement

Action de juger une affaire selon le droit ; décision rendue par un tribunal.

Juger

Prononcer en qualité de juge une sentence sur.

Juridiction

Pouvoir de juger, de rendre la justice.

Organisme institué pour trancher les litiges qui lui sont soumis.

Ensemble des tribunaux de même nature, de même ordre ou de même degré hiérarchique.

Juridictionnel, elle

Relatif à une juridiction.

Juridique

Acte, situation qui relève du droit.

Juridiquement

De façon juridique ; du point de vue du droit.

Juste

Qui se conforme à l'équité, en respectant les règles de la morale ou de la religion.

Justice

Principe moral qui exige le respect du droit et de l'équité. Vertu, qualité morale qui consiste à être juste, à respecter les droits d'autrui.

Justice distributive

Justice qui donne à chacun ce qui lui revient (par opposition à la justice commutative).

Justice sociale

Celle qui est destinée au bien être de tous.

Justiciable

Acte, personne qui relève de la justice des tribunaux. Qui doit répondre de ses actes.

Justifiable

Acte, comportement qui peut être justifié.

Justificateur, trice

Personne qui apporte une justification.

Justificatif, ive

Preuves, éléments qui sert à justifier ou à prouver.

Justification

Action de justifier, de se justifier. Preuve d'une chose par titres ou par témoins.

Justifier

Mettre hors de cause, prouver l'innocence.

Légal, e, aux

Conforme à la loi, définie par la loi.

Légalement

De façon légale.

Légalisme

Souci de respecter minutieusement la loi.

Légaliste

Relatif au légalisme, qui fait preuve de légalisme.

Légalité

Caractère de ce qui est légal. Ensemble des actions qui sont conformes à la loi.

Législateur, trice

Institution, organe qui légifère, qui en a le pouvoir. Autorité qui a le pouvoir d'établir des lois ; la loi en général.

Légiférer

Etablir des lois, édicter des règles.

Législatif, ive

Relatif à la loi, au pouvoir de légiférer.

Législation

Ensemble des lois, des dispositions législatives d'un pays, ou concernant un domaine particulier.

Libéralité

Facilité obtenue ; soit en argent ou en nature pour un service rendu.

Liberté de conscience

Volonté d'opinion, d'agir selon les normes de sa conscience.

Légitimation

Action de légitimer.

Légitime

Acte qui est consacré par la loi Etabli conformément à la constitution ou aux traditions politiques. Conforme à l'équité, à la morale, à la raison, justifié.

Légitime, e

Acte qui bénéficie d'une légitimation.

Légitimement

Conformément à la loi, à l'équité, à la justice ou à la raison.

Légitimer

Faire admettre comme excusable, juste ; justifier.

Livraison surveillée

Méthode consistant à permettre la sortie du territoire, le passage par le territoire, ou l'entrée sur le territoire d'un ou de plusieurs États, d'expéditions illicites ou suspectées de l'être, au su et sous le contrôle des autorités compétentes de ces États, en vue d'enquêter sur une infraction et d'identifier les personnes impliquées dans sa commission.

Lobby

Groupe d'intérêts intervenant souvent dans les espaces étroitement liés aux médias afin d'influencer les journalistes, dans les milieux de la recherche afin d'influencer les chercheurs et auprès des pouvoirs publics afin d'y faire entendre leurs revendications ou de les influencer par divers moyens. Leur activité consiste donc à influencer ces pouvoirs publics dans le sens de leurs intérêts.

Cette activité est appelée lobbying, par prolongement de l'anglicisme lobby. Selon F.J.Farnel, « le lobbying est une activité qui consiste a procéder a des interventions destinées à influencer directement ou indirectement les processus d'élaboration, d'application ou d'interprétation de mesures législatives, normes, règlements et plus généralement, de toute intervention ou décision des pouvoirs publics. »

Mains propres

Personne n'étant pas été impliquée dans la magouille, le vol ou autres actes.

Motivant

Quelque chose qui motive.

Motivé, e

Justifié par des motifs ; explicité, encouragé, etc.

Objectif, ive

Personne qui ne fait pas intervenir d'éléments affectifs ou personnels dans ses jugements, impartiaux.

Objectif

But, cible que quelque chose, quelqu'un doit atteindre.

Ombudsman

Dans les pays scandinaves, personne indépendante et objective qui enquête sur les plaintes des gens contre les organismes gouvernementaux et autres organisations, tant du secteur public que privé. Après un examen approfondi et impartial, il détermine si la plainte est fondée et formule des recommandations à l'intention de l'organisation afin de régler le problème.

Dans la plupart des contextes, l' « ombudsman » se réfère à un fonctionnaire nommé pour contrôler l'activité du gouvernement dans l'intérêt du citoyen, et pour surveiller le suivi des plaintes du citoyen contre l'État. Si l'ombudsman trouve une plainte justifiée, il produit un rapport et en effectue un suivi jusqu'à réparation. L'ombudsman n'agit pas en justice. Il tient son autorité du mandat qui lui a été confié, soit par l'autorité suprême du pays (Président, Roi, ...), soit par une assemblée de représentants, généralement des députés.

Paiement ou payement

Action de payer une somme d'argent en exécution d'une obligation.

Paiement de facilitation

Paiement, promesse de paiement ou autorisation de paiement effectué ou accordé uniquement pour accélérer ou garantir l'exécution d'activités gouvernementales courantes, comme :

1. l'octroi de licence, de permis et d'autres documents officiels donnant le droit de mener des activités à l'étranger ;
2. le traitement des documents gouvernementaux, comme les visas et le permis de travail ;
3. la fourniture d'une protection policière, de services téléphoniques, de services publics ou de services postaux ;
4. le chargement ou le déchargement de fret, l'inspection de biens et la préservation de biens périssables.

Parafiscal, e, aux

Relatif à la parafiscalité.

Parafiscalité

Ensemble des taxes et des cotisations perçues, sous l'autorité de l'État, au profit d'administrations, d'organismes autonomes.

Partage

Fait de partager, d'avoir quelque chose en commun avec quelqu'un, avec d'autres.

Partageable

Pouvant être partagé.

Partager

Avoir en commun avec quelqu'un, avec d'autres.

Prévenir

Aller au-devant de quelque chose pour l'empêcher de se produire en prenant les précautions, les mesures nécessaires.

Prévenir la fraude

Prendre des mesures nécessaires pour éviter que la fraude ne se produise.

Prévention

Ensemble des mesures prises pour prévenir un danger, un risque, un mal, pour l'empêcher de survenir.

Protection des sources d'information

Dispositif mis en place pour sécuriser ceux qui dénoncent les corrupteurs ou les corrompus.

Redevabilité

Principe en vertu duquel les individus et les organisations sont dans l'obligation de s'acquitter de leurs fonctions selon des critères de performances établis, ces performances étant mesurées aussi objectivement qu'il est possible. Ce principe s'applique dans quatre domaines, à savoir le domaine financier, le domaine administratif, le domaine politique et le domaine social.

Redevabilité administrative

Dispositifs des contrôles gouvernementaux internes essentiels, qui assurent le bon fonctionnement du système de freins et contrepoids mis en œuvre par le gouvernement constitutionnel et par une société civile activement impliquée et qui complètent ce système, tels que les normes et motivations dans la fonction publique, les codes d'éthique, les sanctions pénales et les procédures d'examen administratif.

Redevabilité financière

Obligation de ceux qui ont la charge des ressources ou des fonctions publiques, ou qui occupent d'autres postes de confiance, de rendre compte de l'emploi prévu et effectif des ressources ou de l'exercice prévu et effectif des fonctions du poste. La redevabilité financière assure la transparence des processus et des procédures.

Redevabilité politique

Repose à la base sur la tenue d'élections libres et transparentes et constitue un point de départ utile pour la surveillance. Dans les démocraties électorales, le peuple dispose d'une méthode régulière et ouverte pour sanctionner ou récompenser ceux qui occupent des postes de confiance dans le secteur public. Au moyen d'élections périodiques et de divers mécanismes de contrôle, les responsables élus et nommés sont tenus responsables de leurs actions dans l'exercice de leurs fonctions. Une autre façon d'exercer une supervision plus spécifique consiste à établir un mécanisme par lequel les trois pouvoirs (exécutif, législatif et judiciaire) se surveillent mutuellement. En outre, en confiant d'une part la tâche de la mobilisation et de l'affectation des fonds et d'autre part la responsabilité de l'exécution des dépenses à des institutions distinctes, on s'assure de ce que l'intérêt du public soit mieux servi.

Redevabilité sociale

Résulte de la demande et repose sur l'engagement civique de citoyens ordinaires et de groupes qui exigent des gouvernants et des institutions publiques qu'ils rendent compte de leurs actions et qu'ils soient tenus responsables de l'obtention de résultats.

Reddition de compte

Exécution de l'obligation de rendre compte, c'est-à-dire d'informer, de prouver et de se justifier, concernant l'administration des biens.

Elle est plus large que le compte car elle implique toujours d'autres prestations destinées à éclairer et à compléter le compte ; c'est par exemple le cas du rapport de gestion qui accompagne les comptes annuels de l'entreprise et qui ajoute une dimension qualitative à l'aspect purement quantitatif des comptes.

Règlement

Action de régler, de fixer, d'arrêter de manière définitive. Action d'acquitter une somme due ; paiement.

Réglementation

Action de réglementer. Ensemble des mesures légales et réglementaires régissant une question.

Réglementer

Soumettre à un règlement.

Régler

Donner une solution complète, définitive à ; mettre en ordre. Acquitter un paiement.

Réglé, e

Fixé définitivement ; résolu.

Réglementaire

Situation qui concerne le règlement.

Réglementairement

En vertu des règlements.

Rémunération

Prix d'un travail, d'un service rendu.

Rémunératoire

Qui a un caractère de rémunération, de récompense.

Rémunérer

Rétribuer, payer pour un travail, un service.

Rémunérateur, trice

Qui est avantageux, qui procure des bénéfices, de l'argent. Travail rémunérateur.

Révisable

Qui peut être révisé.

Réviser

Examiner de nouveau, pour modifier s'il y a lieu ; revoir.

Réviseur, euse

Personne qui revoit après un autre pour corriger, vérifier.

Réviseur comptable

Comptable ayant la charge de revoir après un autre comptable pour corriger et vérifier.

Révision

Action de réviser.

Salaire décent

Rémunération convenable, suffisante, correcte, mettant quelqu'un à l'abri de la corruption.

Service licite

Honnête évaluation à laquelle le contribuable ou l'usager a droit sans avoir à payer.

Stratégie anticorruption

Action focalisée sur des systèmes corrompus et pas simplement sur des individus malhonnêtes.

Stratégie préventive

Mesure ou action que le pouvoir public ou la société civile prend dans le but de prohiber et de décourager toutes les pratiques, dans la société, qui concourent à la corruption.

Transparence

Tous les moyens qui facilitent l'accès des citoyens à l'information et à la compréhension des mécanismes décisionnels. La transparence du secteur public commence par l'application claire de normes et par l'accès à l'information.

Transparence fiscale

Situation dans laquelle, du point de vue fiscal, une personne morale ne fait pas écran entre l'État et ses membres.

Concept retenu en matière d'impôt direct ayant pour effet d'écarter la personnalité morale d'une société pour imposer directement les associés à raison des bénéfices sociaux.

Transparent, e

Qui est clair pour tous ; sans travestissement ni dissimulations.

Visibilité

Qualité de ce qui est visible, facilement perceptible.

Visible

Facilement perceptible ; évident, manifeste.

Visiblement

De façon visible ; manifestement.

Verrou

Obstacle qui empêche le déroulement d'une action.

Verrouillage

Action de verrouiller ; fait d'être verrouillé.

Verrouiller

Fermer avec un verrou. Contrôler quelque chose, un groupe en s'assurant la maîtrise de son évolution, de son comportement.

Verrouiller les canaux de fraude

Contrôler systématiquement tout ce qui peut amener à la fraude en s'assurant la maîtrise de tous les différents aspects.

14. Instruments multilatéraux et autres de prévention et de lutte contre la corruption

"Les pays qui prennent des mesures pour lutter contre la corruption et promouvoir le respect de la légalité pourraient augmenter leur revenu national de 400% ".

O.N.U.

"Une presse libre n'est pas un luxe. Une presse libre se trouve au cœur même du développement équilibré, parce que si vous ne pouvez pas libérer les pauvres, s'ils n'ont pas le droit de s'exprimer, si on ne met pas le projecteur sur la corruption et les pratiques injustes, on ne peut pas bâtir le consensus public nécessaire à l'avènement des changements".

James Wolfensohn, Président de la Banque Mondiale,
Discours au Comité Mondial pour la Liberté de la Presse
Washington, D.C., 8 novembre 1999

"Le couple que forment l'affairisme et la corruption ne peut s'ébattre librement que dans des pays non démocratiques. Les pays les plus corrompus sont ceux qui sont les plus tyranniques … ce n'est pas un hasard si des peuples souffrent tout à la fois des atteintes aux droits de l'homme et de la corruption de leurs dirigeants".

Pierre Péan ;
L'argent noir, corruption et sous-développement, 1988 :

"Parce qu'elle a atteint parfois le cœur du pouvoir, la grande corruption mine les vieilles démocraties occidentales".

Déclaration de Paris contre la corruption, 19 juin 2003.

Ensemble des textes juridiques internationaux qui sont mis en place pour prévenir et combattre la corruption. A ce jour nous avons répertorié les instruments suivants :

Accord instituant le groupe d'États contre la corruption (G.R.E.C.O.)

Adopté à Strasbourg, le 12 mai 1999.

Action commune 98 / 742 / JAI/ du 22 décembre 1998

Adoptée par le conseil de l'Europe sur la base de l'article K.3 du traité sur l'union européenne, relative à la corruption dans le secteur privé.(J.O.U.E..L358 DU 31.12.1998)

Année interaméricaine de lutte contre la corruption

Année (2004) recommandée par la déclaration de MANAGUA (NICARAGUA) à l'assemblée générale de l'organisation des États américains, en juillet 2004 pour se consacrer a la lutte anti-corruption.

Charte anti-corruption de la Banque de développement du conseil de l'Europe du 09 février 2007.

Convention

Accord officiel passé entre des individus, des groupes sociaux ou politiques, des États ; écrits qui témoignent de la réalité de cet accord.

Convention inter-américaine contre la corruption

Convention adoptée par l'organisation des États américains à Caracas, Venezuela, le 29 Mars 1996 et ayant pour objet :

- D'encourager et de renforcer le développement, par chaque partie des mécanismes nécessaires pour prévenir, dépister, sanctionner et éliminer la corruption ;
- D'encourager, de faciliter et de réglementer la coopération entre les parties afin d'assurer l'efficacité des

mesures et actions qu'adopte chacun d'eux pour prévenir, dépister, sanctionner et éliminer les actes de corruption dans l'exercice de la fonction publique et les actes de corruption spécifiquement liés à l'exercice de cette fonction.

Convention relative à la lutte contre la corruption impliquant des fonctionnaires des communautés européennes ou des fonctionnaires des États Membres de l'Union Européenne

Convention signée à Bruxelles par le conseil de l'Union Européenne le 26 mai 1997 ayant comme objectif principal, le renforcement de la coopération judiciaire dans la lutte contre la corruption.

Convention relative à la lutte contre la corruption d'agents publics étrangers dans les transactions commerciales internationales

Signée à Paris, France - le 17 décembre 1997.

Convention de l'Union Africaine sur la prévention et la lutte contre la corruption

Convention adoptée par les Chefs d'États et de gouvernement de l'Union Africaine en date du 12 juillet 2003, ayant pour objectifs :

- Promouvoir et renforcer la mise en place en Afrique, par chacun des États parties, des mécanismes nécessaires pour prévenir, détecter, réprimer et éradiquer la corruption et les infractions assimilées dans les secteurs public et privé ;
- Promouvoir, faciliter et réglementer la coopération entre les États parties en vue de garantir l'efficacité des mesures et actions visant à prévenir, détecter, réprimer et éradiquer la corruption et les infractions assimilées en Afrique ;
- Coordonner et harmoniser les politiques et les législations entre les États parties aux fins de prévention, de

détection, de répression et d'éradication de la corruption sur le continent ;

- Promouvoir le développement socio-économique par l'élimination des obstacles à la jouissance des droits économiques, sociaux, culturels, civils et politiques ;
- Créer les conditions nécessaires pour promouvoir la transparence et l'obligation de rendre compte dans la gestion des affaires publiques.

Convention sur la lutte contre la corruption d'agents publics étrangers dans les transactions commerciales internationales

Convention ayant été adoptée par l'organisation de coopération et de développement économiques (OCDE) le 21 novembre 1997 et cinq pays non membres : l'Argentine, le Brésil, la Bulgarie, le Chili et la République Slovaque. Elle a été signée à Paris le 17 décembre 1997 avec comme objet et but essentiels : assurer l'équivalence entre les mesures que doivent prendre les parties en matière de lutte anticorruption.

Convention de l'OCDE contre la corruption

Convention ayant été adoptée le 17 décembre 1997. Elle oblige les entreprises des pays signataires à respecter des règles de transparence dans la signature des grands contrats internationaux et ne pas verser de commissions occultes aux intermédiaires ou aux personnalités politiques.

La convention de l'OCDE a constitué un progrès majeur en ce qu'elle établissait un ensemble de bonnes pratiques auxquelles les États devaient soumettre leurs nationaux et leurs entreprises dans le cadre de leurs relations commerciales, visant ainsi à prévenir certaines formes de concurrence déloyale générée par la corruption.

Convention civile sur la corruption

Convention ayant été signée par les États membres du Conseil de l'Europe, les autres États et la communauté européenne en date du 04 novembre 1994 à Strasbourg (France) ; et a pour objet : de demander à chaque partie de prévoir dans son droit interne des recours efficaces en faveur des personnes qui ont subi un dommage résultat d'un acte de corruption afin de leur permettre de défendre leurs droits et leurs intérêts, y compris la possibilité d'obtenir des dommages-intérêts.

Son originalité est d'être l'unique texte à vocation multilatérale visant à lutter contre la corruption en imposant la sanction pécuniaire que représente le paiement des dommages - intérêts.

Convention des Nations-Unies contre la criminalité transnationale organisée

Convention ayant été adoptée à New York le 15 novembre 2000 et elle est dite : « Convention de Palerme ». Cette convention a pour but de promouvoir la coopération internationale afin de prévenir et de combattre plus efficacement la criminalité transnationale organisée. Elle s'applique à la prévention, aux enquêtes et aux poursuites concernant différentes infractions établies par elles et par ses protocoles.

La convention vise à priver les criminels de tout refuge susceptible de les protéger des enquêtes et poursuites.

Son importance réside dans le fait qu'elle constitue le premier instrument juridique multilatéral et général contre la criminalité organisée.

Convention pénale sur la corruption

Adoptée par le Comité de Ministres du Conseil de l'Europe le 27 janvier 1999, c'est une convention des États Membres du Conseil de l'Europe, des autres États et de la communauté européenne qui a pour principal apport : L'incrimination de la corruption active et passive, dans les secteurs public et privé. Un protocole additionnel à la convention pénale a été signé le 15 mai 2003. Il incrimine la corruption d'arbitres et de jurés, nationaux et internationaux.

La convention pénale sur la corruption est un instrument ambitieux visant à incriminer de manière coordonnée un large éventail de conduites de corruption et d'améliorer la coopération internationale pour accélérer ou permettre la poursuite des corrupteurs et des corrompus. Elle est ouverte aux États non membres.

La convention a un vaste champ d'application et complète par conséquent, les instruments juridiques déjà existants (la Convention de l'Union Européenne, de mai 1997, portant sur la corruption impliquant des fonctionnaires des Communautés européennes ou des fonctionnaires des États de l'UE ; celle de l'OCDE, de décembre 1997, se limite à la lutte contre la corruption active d'agents publics étrangers dans les transactions commerciales internationales).

Convention de l'O.N.U contre la corruption

Convention dite de Mérida « UNCAC, une convention against corruption »ayant pour objet :

- la promotion et le renforcement des mesures visant à prévenir et combattre la corruption de manière plus efficace ;
- la promotion, la facilitation et l'appui de la coopération internationale et l'assistance technique aux fins de la prévention de la corruption et de la lutte contre celle-ci, y compris le recouvrement d'avoirs ;
- la promotion de l'intégrité, la responsabilisation et la bonne gestion des affaires publiques et des biens publics.

La convention de l'ONU constitue le premier instrument mondial de lutte contre la corruption. Elle contient notamment des dispositions de prévention de la corruption et des règles organisant la coopération internationale ainsi que des normes de nature procédurale. Pour la première fois, un instrument multilatéral pose de manière contraignante le principe de la restitution des avoirs acquis illicitement.

Elle est entrée en vigueur le 14 décembre 2005. Cette convention met l'accent sur les aspects relatifs à la prévention et à la détection. Elle est particulièrement attractive pour les pays en développement dans la mesure où elle prévoit la restitution des avoirs détournés et l'extraction des agents corrompus.

La convention de l'ONU contre la corruption établit de nouvelles normes et constitue une avancée considérable en matière de recouvrement des avoirs illicites envoyés à l'étranger.

Convention de l'Union Africaine relative à la prévention et à la lutte contre la corruption

Adoptée par la deuxième session ordinaire de la conférence de l'Union à Maputo, Mozambique - le 11 juillet 2003

Décision-cadre 2003/568/JAI relative à la lutte contre la corruption dans le secteur privé

Du conseil de l'Europe du 22 juillet 2003. (J.O.U.E.L0192 du 31.7.2003, p.54)

Journée internationale contre la corruption

Journée marquant l'anniversaire de la conférence de signature de la convention des Nations Unies contre la corruption (dite convention de Mérida). Elle est célébrée le 09 décembre de chaque année. Elle est l'œuvre de l'Assemblée Générale ayant adopté la convention de l'O.N.U contre la corruption à l'unanimité en date du 31 octobre 2003 en sa résolution 58/4.

Loi

Prescription établie par l'autorité souveraine de l'État, applicable à tous, et définissant les droits et les devoirs de chacun.

Loi anti-corruption

Ensemble de règles juridiques, de prescriptions légales pour lutter contre la corruption.

Loi n°04/020 du 30 juillet 2004

Portant organisation, attributions et fonctionnement de la commission de l'éthique et de la lutte contre la corruption en République Démocratique du Congo.

Loi française 2007-1598 du 13 novembre 2007 relative à la lutte contre la corruption modifiant la Loi du 30 juin 2000 codifiée aux articles 435-1 et suivants du Code Pénal.

Loi n°07/006 du 16 novembre 2007

Autorisant la ratification par la République Démocratique du Congo du Protocole contre la corruption signée par les 14 États membres de la SADC.

Loi sur la dénonciation

Mesure législative qui protège et récompense les fonctionnaires qui signalent les méfaits.

Plan d'action de lutte contre la corruption en Asie et dans le Pacifique

Initiative de la Banque Asiatique de Développement (B.As.D.) et de l'O.C.D.E.

Protocole contre la corruption de la communauté de développement de l'Afrique Australe contre la corruption

Convention signée à Blantyre (Malawi) en date du 14 août 2001 par 14 États membres de la SADC.

Protocole sur la lutte contre la corruption (C.E.D.E.A.O.)

Signé à Dakar, Sénégal, le 21 décembre 2001.Communauté Economique des États de l'Afrique de l'Ouest.

Protocole additionnel à la convention pénale relative à la corruption

Signée à Strasbourg, le 15 mai 2003.

Rapport explicatif de la convention civile contre la corruption

Rapport explicatif de la convention pénale du Conseil de l'Europe contre la corruption

Rapport explicatif du protocole additionnel à la convention pénale contre la corruption

Rapport français élaboré au nom de la Commission des Lois sur le projet de loi relatif à la corruption / (Rapporteur M. le député Michel Hunault)

Réexamen des instruments de l'OCDE sur la lutte contre la corruption d'agent public étranger dans les transactions commerciales internationales dix ans après leur adoption

(Document de consultation, janvier 2008)

Résolution

Décision prise avec la volonté de s'y tenir. Texte émis par une assemblée, une organisation, et dans lequel ses membres expriment leur sentiment sur une question déterminée ou qui a trait à son fonctionnement intérieur.

Résolution 3514(XXX) du 15 décembre 1975

Dans laquelle elle a notamment condamné :

- Toutes les pratiques de corruption, y compris les actes de corruption commis par des sociétés transnationales et autres, leurs intermédiaires et autres parties en cause, en violation des lois et règlements des pays hôtes.
- Réaffirmé le droit de tout État de légiférer, d'enquêter et de prendre toutes mesures juridiques appropriées,

conformément à ses lois et règlements nationaux, contre lesdites pratiques et demandé à tous les gouvernements de coopérer pour empêcher ces pratiques, y compris les actes de corruption.

Résolution 1995/14 du 24 juillet 1995

Du conseil économique et social, sur la lutte contre la corruption.

Résolution du 15 décembre 1995

Par laquelle le parlement européen table sur la corruption économique et politique en Europe. (Rapport SALISCH)

Résolution 51/59 du 12/12/1996

Par laquelle elle a adopté le Code international de conduite des agents de la fonction publique et recommandé aux États membres de s'en servir comme guide dans leur lutte contre la corruption.

Résolution 51/191 du 16/12/1996

Par laquelle elle est a adopté la déclaration des Nations Unies sur la corruption et les actes de corruption dans les transactions commerciales internationales.

Résolution (97) 24 du 06/11/1997

Résolution portant 20 principes directeurs pour la lutte contre la corruption ayant été adoptée par le comité des Ministres du Conseil de l'Europe à sa 101ème session.

Résolution du 20 novembre1997

Par laquelle le parlement européen table sur le projet d'action commune relative à l'incrimination de la corruption dans le secteur privé. (Rapport BONTEMPI)

Résolution 52/87 du 12 décembre 1997

Relative à la coopération internationale contre la corruption passive et active dans les transactions commerciales internationales.

Résolution (98) 7 du 05/05/1998

Résolution autorisant la mise en place du « Groupe d'États contre la corruption-GRECO », sous forme d'un accord partiel et élargi, adopté par le Comité des Ministres lors de sa 102ème Session, le 5 mai 1998. Dans cette résolution, le comité des Ministres a invité les États membres du conseil de l'Europe et les États non-membres ayant participé à son élaboration, à notifier au Secrétariat Général leur intention de participer à l'adoption de l'accord établissant le GRECO, étant entendu que celui-ci serait considéré comme adopté le premier jour du mois suivant la réception par le Secrétaire général de la 14è notification par un État membre de sa volonté d'y participer.

Résolution 53/111 du 09/12/1998

Par laquelle elle a créé le Comité Spécial en vue d'élaborer une convention contre la criminalité transnationale organisée.

Résolution 53/176 du 15 décembre 1998

Relative à la lutte contre la corruption et les actes de corruption dans les transactions commerciales internationales.

Résolution (99) 5 du 01/05/1999

Résolution établissant, en date du 1er mai 1999, l'accord instituant le « GROUPE D'ETATS CONTRE LA CORRUPTION » suite à la réception de la 14ème notification. Les États suivants l'ont adopté : Belgique, Bulgarie, Chypre, Estonie, Finlande, France, Allemagne, Grèce, Islande, Lituanie, Luxembourg, Roumanie, Slovaquie, Slovénie, Espagne et Suède.

Résolution 54/126 du 17 décembre 1999

Dans laquelle elle a prié le Comité spécial d'achever ses travaux en 2000.

Résolution 54/128 du 17 décembre 1999

Dans laquelle, elle a prié le Comité Spécial d'élaborer un instrument international contre la corruption complémentaire ou indépendant de la convention des Nations-Unies contre la criminalité transnationale organisée.

Résolution 54/205 du 22 décembre 1999

Relative à la prévention de la corruption et du transfert illégal de fonds.

Résolution 55/61 du 04/12/2000

Par laquelle elle a décidé de créer un Comité spécial chargé de la négociation d'un instrument juridique international efficace contre la corruption et prie le Secrétaire Général de convoquer un groupe intergouvernemental d'experts à composition non limitée, chargé d'examiner et d'élaborer un projet de mandat pour la négociation d'un tel instrument.

Résolution 55/188 du 20 décembre 2000

Relative à la prévention et à la lutte contre la corruption et le transfert illégal de fonds et rapatriement desdits fonds dans les pays d'origine.

Résolution 2001/13 du 24 juillet 2001

Du conseil économique et social intitulée « Renforcement de la coopération internationale pour la prévention et la lutte contre le transfert de fonds d'origine illicite provenant d'actes de corruption, y compris le blanchiment de fonds, et la restitution de ces fonds ».

Résolution 56/260 du 31 janvier 2002

Par laquelle elle donne mandat pour la négociation d'un instrument juridique international contre la corruption.

Résolution du 20 novembre 2002 du parlement européen

Sur l'initiative du Royaume du Danemark en vue de l'adoption de la Décision-cadre du conseil relative à la lutte contre la corruption dans le secteur privé. (Rapport MARINHO adopté dans la résolution)

Résolution 56/186 du 21/12/2001 et Résolution 57/244 du 20/12/2002

Relatives à l'action préventive et la lutte contre la corruption et le transfert de fonds d'origine illicite et à la restitution de tels fonds aux pays d'origine.

Résolution du 4 décembre 2003 du parlement européen

Sur la communication de la commission au conseil, au parlement européen et au comité économique et social « lutte contre la corruption : instruments et recommandations ». (Rapport RUTELLI)

Résolution 57/169 du 18/12/2002

Relative à la conférence de signature par des personnalités politiques de haut rang de la convention des Nations Unies contre la corruption.

Résolution 58/4 du 31 octobre 2003

Résolution consacrant le 9 décembre de chaque année, journée internationale de lutte contre la corruption. Cette décision fut prise pour sensibiliser le monde à ce problème et pour faire connaître le rôle de la convention des Nations Unies contre la corruption, en matière de lutte et de prévention.

Résolution 2005/18 du 22 juillet 2005

Du conseil économique et social relative à l'action contre la corruption ; aider les États à renforcer leurs capacités en vue de faciliter l'entrée en vigueur et l'application ultérieure de la convention des Nations Unies contre la corruption.

Résolution 60/175 du 16/12/2005

Relative au renforcement du programme des Nations Unies pour la prévention du crime et la justice pénale, en particulier de ses capacités de coopération technique.

Résolution 2006/24 du 27/07/2006

Résolution du conseil économique et social, relative à la coopération internationale dans la lutte contre la corruption.

Résolution 60/207 du 16/03/2006 et Résolution 61/209 du 20/12/2006

Résolutions relatives à l'action préventive et lutte contre la corruption et le transport d'avoir d'origine illicite et restitution de ces avoirs, en particulier aux pays d'origine.

Vingt (20) principes directeurs pour la lutte contre la corruption contenus dans la résolution (97) 24 adoptés par le comité des ministres du conseil de l'Europe, le 6 novembre 1997, lors de sa 101ème session

1. Prendre des mesures efficaces pour prévenir la corruption et, dans cette perspective, y sensibiliser l'opinion publique et promouvoir des comportements conformes à l'éthique ;
2. Assurer une incrimination coordonnée de la corruption nationale et internationale ;
3. Assurer que les personnes chargées de la prévention, des enquêtes, des poursuites et de la sanction des infractions de corruption bénéficient de l'indépendance et de l'autonomie nécessaire à l'exercice de leurs fonctions, soient libres de toute influence incompatible

avec leur statut et disposent de moyens adéquats pour l'obtention de preuves ; assurer la protection des personnes qui aident les autorités à lutter contre la corruption et sauvegarder le secret de l'instruction ;

4. Prendre des mesures appropriées en vue de la saisie et de la confiscation des produits de la corruption ;
5. Prendre des mesures appropriées en vue d'éviter que des personnes morales ne servent d'écran pour dissimuler la commission d'infractions de corruption ;
6. Veiller à limiter toute immunité à l'égard des enquêtes, des poursuites et des sanctions relatives aux infractions de corruption à ce qui est nécessaire dans une société démocratique ;
7. Favoriser la spécialisation de personnes ou organismes chargés de la lutte contre la corruption et leur accorder les moyens et la formation nécessaire à l'exercice de leurs fonctions ;
8. Assurer que la législation fiscale et les autorités chargées de sa mise en œuvre contribuent à la lutte contre la corruption de façon efficace et coordonnée en particulier en n'accordant pas, en droit ou en pratique, la déductibilité fiscale des commissions occultes ou des autres frais liés aux infractions de corruption.
9. Veiller à ce que l'organisation, le fonctionnement et les processus décisionnels des administrations publiques tiennent compte de la nécessité de lutter contre la corruption, en particulier en assurant un degré de transparence compatible avec l'efficacité de leur action ;
10. Assurer que les règles relatives aux droits et devoirs des agents publics tiennent compte des exigences de la lutte contre la corruption et prévoient des mesures disciplinaires appropriées et efficaces ; favoriser l'élaboration d'instruments appropriés, tels que des codes de conduite, qui précisent davantage le comportement attendu des agents publics ;

11. Assurer que les activités des administrations publiques et du secteur public soient soumises à des procédures appropriées de vérification des comptes.
12. Souligner l'importance du rôle que les procédures de vérification des comptes peuvent jouer dans la prévention et la détection de la corruption en dehors des administrations publiques ;
13. Assurer que le système de responsabilité des administrations publiques prenne en compte les conséquences des actes de corruption commis par les agents publics ;
14. Adopter des procédures relatives aux marchés publics d'une transparence adéquate pour favoriser une concurrence loyale et décourager les corrupteurs ;
15. Encourager l'adoption par les représentants élus de codes de conduite et favoriser des règles sur le financement des partis politiques et des campagnes électorales qui découragent la corruption ;
16. Garantir aux médias la liberté de recevoir ou de communiquer des informations concernant des affaires de corruption, sous réserve des seules limites nécessaires dans une société démocratique ;
17. Assurer que leur droit civil tienne compte de la nécessité de lutter contre la corruption et prévoie, en particulier, des recours efficaces pour ceux dont les droits et intérêts sont affectés par celle-ci ;
18. Encourager la recherche sur la corruption ;
19. S'assurer que, dans tous les aspects de la lutte contre la corruption, les liens éventuels avec la criminalité organisée et la blanchiment de l'argent soient pris en considération ;
20. Développer la coopération internationale la plus large possible dans tous les domaines de la lutte contre la corruption.

15. INSTITUTIONS ET ORGANISMES DE LUTTE CONTRE LA CORRUPTION

"La lutte contre la corruption n'est destinée qu'aux « petits » ; quant aux « grands », ils peuvent détourner l'argent public dans des limites raisonnables. S'ils dépassent les bornes, ils risquent seulement de ne plus recevoir leur part du gâteau".

Pierre PEAN ;
L'argent noir, corruption et sous-développement, 1988.

"La corruption, le plus infaillible symptôme de liberté constitutionnelle".

Edward Gibbon
[Decline and fall of the Roman Empire]

"Ce qui rend la corruption, ou même la simple médiocrité des élites, si funeste, c'est la solidarité qui lie entre eux tous leurs membres, corrompus ou non corrompus, dans la défense du prestige commun".

Georges Bernanos
[Le Chemin de la Croix-des-Ames (1948), Mars 1942]

"La corruption semble prospérer lorsque les institutions étatiques sont faibles, lorsqu'il existe des échappatoires dans les politiques gouvernementales ou les régimes de réglementation qui le lui permettent, et lorsque les institutions, qui servent de garde-fous, le parlement, le pouvoir judiciaire ou la société civile, notamment la presse, sont marginalisées ou elles-mêmes touchées par la corruption".

Assemblée parlementaire du conseil de l'Europe

Anticor

Association française fondée en juin 2002 par Séverine Tessier et Eric Halphen, et regroupant des élus de toutes tendances politiques décidés à combattre la corruption et à réhabiliter la politique.

Bureau Indépendant Anti-Corruption (BIANCO)

Crée par le décret 2004-937 du 05 octobre2004 pour mener la mise en œuvre de la Stratégie Nationale de lutte contre la corruption. Le bureau a été officiellement mis en place le 28 octobre 2004, date de prestation du Directeur Général suivi de celle du personnel le 04 Novembre 2004 au palais de justice à Anosy Antanarivo (Madagascar)

Commission de l'éthique et de lutte contre la corruption [CELC] de la République Démocratique du Congo

Institution d'appui à la démocratie de la RDC, instituée le 30 juillet 2004 par et à travers la promulgation de la loi organique définissant son cadre de travail et ses structures.

Commission de lutte contre la corruption, la fraude, et la contre-bande ainsi que la contrefaçon de la monnaie et des marques

Institution indépendante créée par le chef de l'État et président de la République Démocratique du Congo en vertu du décret n°116/2002 du 29 Août 2002 dans le but d'assurer le recouvrement optimal de toutes les recettes de l'État. Elle était dotée des pouvoirs de coercition les plus large afin de transiger et de recouvrir les droits, créances titres ou avoirs dus à l'État. Elle était habilitée à prendre les mesures conservatoires et de sûreté au profit de ce dernier.

Conseil Supérieur de lutte contre la corruption (CSLCC) Madagascar

Créé en juillet 2003 et ayant élaboré la stratégie nationale, cadre législatif et crée les structures chargées de mettre en œuvre la lutte contre la corruption.

Groupe d'action financière (GAFI)

Crée par l'initiative de la France, le GAFI est un organisme intergouvernemental visant à développer et promouvoir des politiques nationales et internationales afin de lutter contre le blanchiment de capitaux et le financement du terrorisme. Le GAFI est donc un organe de décision, fondé en 1989 s'efforçant de susciter la volonté politique nécessaire pour reformer les lois et réglementations dans ce domaine.

Groupe d'États contre la corruption (GRECO)

Mécanisme mis en place sous la forme d'un accord partiel et élargi, est chargé de l'évaluation des mesures mises en œuvre par les États pour lutter contre la corruption. Il est ouvert aux États membres du Conseil de l'Europe et à des États non membres sur un pied d'égalité. Il est chargé du suivi non seulement de cette convention, mais aussi de l'application des principes directeurs dans la lutte contre la corruption et des autres conventions ou textes juridiques mis au point au Conseil de l'Europe dans le cadre de son Programme d'Action contre la Corruption.

Il a été mis en place par la résolution (99) 5 du 1er mai 1999.

Groupe de travail du CIAN sur la prévention de la corruption

Cadre de travail crée en 2002 par la commission juridique et fiscale du conseil français des investisseurs en Afrique (CIAN). Il a pour objectif de tenir informé ses membres de l'évolution du cadre juridique international de lutte contre la corruption. Il permet également aux responsables d'entreprises d'échanger sur les moyens qu'ils mettent en œuvre pour prévenir la corruption.

Groupe international de coordination de lutte anti-corruption (IGAC)

Entité inter organisationnelle des Nations-Unies développée pour inclure d'autres organismes de développement bilatéraux et multilatéraux et des O.S.C et vise à instaurer une coordination et une collaboration plus systématique entre les diverses organisations internationales actives dans la lutte contre la corruption. Son secrétariat est hébergé à Vienne par l'Office des Nations -Unies contre la drogue et le crime (ONUDC), qui est également chargé de la convention des Nations-Unies contre la corruption.

Groupe multidisciplinaire sur la corruption du conseil de l'Europe (GMC)

Groupe ayant été créé par le comité des Ministres sur recommandation des Ministres Européens de la justice en septembre 1994 avec comme mandat ;

- d'examiner les mesures à inclure dans un programme internationale d'action contre la corruption ;
- d'étudier la possibilité de rédiger des lois ou des codes de conduites types dans certains domaines, y compris la possibilité d'élaborer une convention internationale en la matière, ainsi que la possibilité de mettre en place un mécanisme de suivi, afin de veiller au respect des engagements contenu dans ces instruments.

Independent commission against corruption (ICAC) Commission indépendante de la lutte contre la corruption

Institution anticorruption de Hong Kong créée le 17 octobre1973 et installée le 1è février1974.son premier dirigeant fut Jack Cater. Elle dispose d'importants pouvoirs d'investigations et a aussi comme missions la prévention de la corruption. Elle fonctionne avec trois services ci-après :

- Bureau des opérations (BO) ;
- Bureau de prévention de la corruption (BPC) ;
- Bureau des relations avec la communauté (BRC).

Interpol Group of Experts on Corruption (IGEC) ou Groupe d'Experts Interpol sur la Corruption

Groupe d'experts INTERPOL sur la corruption qui a été créé lors de la première Conférence internationale sur la criminalité liée à la corruption, qui a eu lieu au Secrétariat général de l'Organisation à Lyon en avril 1998. Ce groupe a été chargé par l'Assemblée générale d'INTERPOL d'élaborer et de mettre en œuvre de nouvelles initiatives afin d'accroître l'efficacité des services chargés de l'application de la loi dans la lutte contre la corruption.

L'IGEC

L'IGEC est un groupe pluridisciplinaire représentant toutes les régions d'INTERPOL, ce qui facilite la coordination et l'harmonisation des différentes approches nationales et régionales de lutte anticorruption. Il comprend également de nombreux autres acteurs internationaux engagés dans le combat mondial contre la corruption. La raison pour laquelle une structure de ce type a été créée est la conviction générale que les services chargés de l'application de la loi doivent s'attaquer à la corruption de façon globale, en collaboration avec les principaux protagonistes et la société dans son ensemble.

Interpol (abréviation de l'anglais International Criminal Police Organization)

Organisation internationale créée en 1923 dans le but de promouvoir la coopération policière internationale.

Deuxième organisation internationale après l'ONU, Interpol a 188 membres (dans 186 pays). Basée à la Cité Internationale de Lyon (France) depuis le 1er mai 1989, elle est financée par les contributions des pays membres, représentant approximativement 30 millions d'euros soit environ 40 millions de dollars américains.

A cause du rôle politiquement neutre qu'elle doit jouer, la Constitution d'Interpol lui interdit d'intervenir dans les affaires ne concernant qu'un pays membre, ou les crimes militaires, politiques, religieux ou raciaux. Ses activités tournent autour du trafic et production de drogue, du terrorisme, du blanchiment d'argent, du crime organisé.

Il faut ajouter que contrairement à son nom, Interpol n'est pas à proprement parler une organisation policière. Il s'agit plutôt d'une structure d'étude et d'analyse sur la criminalité et le terrorisme. C'est une sorte de grande base de données pour les pays membres, qui produit de l'expertise et de la connaissance. Il n'y a pas de « service action » dans cette organisation, les interventions sont menées par les polices de chaque pays et ce de façon parfois conjointe.

Observatoire Anti-Corruption (OAC) RDC

Structure incitatrice de développement en République Démocratique du Congo, crée en juin 2002 et ayant comme objectif de contribuer à la réduction de la corruption dans le pays.

Observatoire de lutte contre la corruption en Afrique centrale (OLCAC)

Instrument de lutte contre la corruption, structure qui permet aux pays de l'Afrique centrale, tels le Gabon, le Cameroun, le Tchad, le Rwanda, le Burundi, la République du Congo, la République centrafricaine (RCA), la République démocratique du Congo (RDC) et la Guinée Equatoriale d'éradiquer les mauvaises pratiques qui gangrènent leurs administrations. Elle marque une étape importante dans la lutte contre la corruption dans la sous-région. La présidence a été confiée à Me Mulumba Tchimboumba de la RDC.

Observatoire National de la Corruption et du Développement de la Transparence à Casablanca

Créé en novembre 2007 avec le soutien financier de l'ambassade des Pays-Bas, ce centre a commencé à s'attaquer à la corruption, à aider les victimes et à favoriser l'intégrité à la fois au sein du gouvernement et dans le secteur privé.

Cette nouvelle structure aura pour mission notamment la collecte, le traitement et la promotion de l'information sur la corruption, la gouvernance et la transparence. Elle aidera également les victimes de la corruption et les dénonciateurs de cas de corruption par le biais d'un réseau de soutien et de conseils juridiques. Ce centre disposera d'une ligne téléphonique gratuite et d'une adresse de contact e-mail pour les personnes souhaitant signaler des cas de corruption.

Observatoire de lutte contre la corruption (OLC) Bénin

Après le constat que beaucoup d'actions éparses dont le manque de suivi a été préjudiciable à l'efficacité de la lutte contre la corruption. L'OLC prend en charge l'élaboration et la coordination des programmes anti-corruption. L'OLC est une structure indépendante de toutes les institutions et a été officiellement installé le 16 / 09/ 04 par les ministres des finances et de la justice. Siégé à Cotonou l'observatoire est un organisme autonome et indépendant de toutes les institutions de l'État. L'OLC a des attributions suivantes :

- Rechercher et analyser les faits de corruption et les infractions connexes à quelques niveaux que ce soit ;
- Se saisir des dossiers de corruption ou de fraude et faire mener des investigations sur ces dossiers ;
- Collecter les données sur la corruption, suivre les dossiers de corruption ;
- Faire prendre des mesures nécessaires à la protection des témoins ;
- Produire un rapport et en faire copie à toutes les institutions ;
- etc.

Organisation

Groupement, association d'une certaine ampleur, qui se propose des buts déterminés.

Organisation congolaise anti-corruption (OCAC) RDC

Association sans but lucratif congolais ayant pour but la lutte contre la corruption sous toutes ses formes en République Démocratique du Congo, dotée de la personnalité juridique en vertu de l'arrêté n°099/CAB/MIN/J&GS/2002 du 04 juin 2002 du Ministère de la Justice et Garde des Sceaux.

Organisation mondiale des parlementaires contre la corruption (GOPAC)

Réseau international de parlementaires voués au bon gouvernement et à la lutte contre la corruption dans le monde. Elle a été créée en octobre 2002 à Ottawa (Ontario) au Canada.

Organisation Non Gouvernementale (O.N.G)

Organisme dont le financement est assuré essentiellement par des dons privés et qui se voue à l'aide humanitaire sous une ou plusieurs de ses différentes formes.

Organisation Non Gouvernementale de lutte contre la corruption

Organisme dont le financement est assuré essentiellement par des dons privés et qui se voue à la lutte contre la corruption sous toutes ses formes.

Plan d'Action de lutte contre la corruption en Asie et dans le Pacifique

Prise des mesures prioritaires concrètes et utiles des gouvernements de la région pour dissuader, prévenir et combattre la corruption à tous les niveaux, sans préjudice des engagements internationaux en vigueur et conformément à nos principes juridictionnels et autres règles juridiques fondamentales ; l'engagement des représentants de la société civile et des entreprises à promouvoir l'intégrité dans les activités des entreprises et de la société civile et de soutenir les gouvernements de la région dans leurs efforts de lutte contre la corruption ; de l'engagement des pays donneurs et des organisations internationales, régionaux ou non, de soutenir les pays de la région dans leur lutte contre la corruption, au moyen de programmes de coopération technique.

Réseau international d'information sur le blanchiment de l'argent (IMOLIN)

Réseau ayant pour but d'aider les gouvernements, les organisations et les individus engagés dans la lutte contre le blanchiment. Il a été créé grâce à la coopération des organisations mondiales les plus importantes engagées dans la lutte contre le blanchissement de l'argent. Ce réseau donne également la possibilité de se servir d'une banque des données sur la législation et les réglementations en vigueur à l'échelon mondial (AMLID), d'une bibliothèque électronique, d'un calendrier des activités concernées à la lutte contre le blanchiment de l'argent, et d'un « News Forum ».

Service central de prévention de la corruption (SCPC)

Service interministériel de la république française crée en 1993, placé auprès du ministère de la justice, menant une action pionnière et originale en matière d'analyse de risques. Il attire ainsi à la fois l'attention des acteurs de la lutte anti-corruption sur des secteurs sensibles et leur donne les instruments pour cerner les mécanismes de la corruption en décrivant les pratiques irrégulières spécifiques à chaque secteur.

Traitement du renseignement et action contre les circuits financiers clandestins (tracfin)

Cellule de renseignement financier de la France créée en 1990 au sein du Ministère Français de l'économie, des finances et de l'industrie, TRACFIN est au cœur du dispositif français de lutte contre l'argent sale et le financement du terrorisme.

TRACFIN constitue « un centre national pour recueillir, analyser et transmettre les déclarations d'opérations suspectes et d'autres informations concernant les actes susceptibles d'être constitutifs de blanchiment des capitaux et de financement du terrorisme », conformément à la définition retenue au plan international.

Transparency international (T.I.)

ONG luttant contre la corruption des gouvernements. Elle est organisée en 80 sections nationales, avec un secrétariat central. A l'origine, Transparency International était une ONG allemande puis, en se développant, elle est devenue une organisation internationale.

Elle réfute l'idée d'une supériorité des États du Nord dans le domaine de la lutte contre la corruption et s'attache à mettre en lumière les problèmes de corruption de par le monde.

Transparency international publie régulièrement son rapport mondial sur la corruption.

"Dans une époque de corruption, l'absence et l'excès de flatterie sont également dangereux".

Tacite

"Les grandes récompenses dans une monarchie et dans une république sont un signe de leur décadence, parce qu'elles prouvent que leurs principes sont corrompus".

Montesquieu
L'Esprit des lois

"Une monarchie corrompue n'est pas un État ; c'est une cour".

Montesquieu

"Presque toute vie d'homme est corrompue par le besoin qu'il a de justifier son existence".

Henry de Montherlant
Pitié pour les femmes

Économie et Entreprise
aux éditions L'Harmattan

Dernières parutions

LA DÉCROISSANCE ÉCOLOGIQUE TRANSFORME L'ENTREPRISE
Christophe Bernard
Ce livre identifie les failles du développement durable appliqué à l'entreprise. Il identifie ensuite la meilleure forme de gouvernance pour une entreprise qui se veut soucieuse d'écologie et prête à décroître s'il le faut. Il propose enfin des outils à mettre en place pour permettre aux entreprises de décroître, et revient sur le rôle qui incombe aux États en matière de politique économique, car une entreprise ne peut envisager une décroissance écologique harmonieuse sans soutien de l'État.
(Coll. L'esprit économique, 23.50 euros, 224 p.)
ISBN : 978-2-343-12401-8, ISBN EBOOK : 978-2-14-004352-9

LE MANAGEMENT ENTRE CIVILISATION ET BARBARIE
Rappin Baptiste
Coordonné collectivement par La Société de Philosophie des Sciences de Gestion
Que le management emplit désormais nos existences contemporaines est un fait, et ne saurait être remis en cause : en effet, de notre naissance à notre disparition, nous sommes désormais constamment en prise, directe ou indirecte, avec les organisations. Mais le constat du fait social total suffit-il à assimiler le management à la civilisation ? C'est tout l'enjeu de cet ouvrage collectif que de répondre à cette question en analysant les liens qui unissent ou séparent management, civilisation et barbarie.
(Coll. Perspectives organisationnelles, 36.00 euros, 348 p.)
ISBN : 978-2-343-12261-8, ISBN EBOOK : 978-2-14-004209-6

LE HARCÈLEMENT MORAL DANS LA VIE PRIVÉE
Connaître la loi pour mieux l'appliquer (nouvelle édition)
Hincker Laurent
La harcèlement moral et la violence psychologique précèdent la violence physique. Des personnalités complexes, souvent appelées pervers narcissiques, sont les auteurs de ces violences invisibles. Quelles stratégies la loi nous permet-elle de mettre en œuvre pour les démasquer ? Dans la seconde édition de ce livre revisité, l'auteur fait le point sur les dernières avancées de la loi et de la jurisprudence dans ce domaine. Il s'adresse aux victimes, aux juristes, acteurs médicaux et sociaux.
(Coll. Antidotes, 13.00 euros, 108 p.)
ISBN : 978-2-343-12664-7, ISBN EBOOK : 978-2-14-004266-9

PRIX DE TRANSFERT ET STRATÉGIES D'OPTIMISATION FISCALE DE LA FIRME MULTINATIONALE
Carasco Pierre-Yves
Les opérations intragroupes ou opérations de « prix de transfert » représenteraient entre 30 et 60 % du commerce mondial. La « multinationale » est traquée par le fisc. Les paradis fiscaux et le dumping fiscal, tant décriés, semblent prospérer toujours. Comment les réglementations évoluent et qu'est-ce que cela implique pour les entreprises multinationales ? Quelle importance accorder à ces opérations et quels impacts pour les États ? Ce livre définit, contextualise et analyse les opérations de prix de transfert en accordant une vision claire des enjeux associés à ces transactions et détaille les libertés et les contraintes qui pèsent sur les groupes mondiaux.
(Coll. Esprit économique, 15.50 euros, 144 p.)
ISBN : 978-2-343-11526-9, ISBN EBOOK : 978-2-14-004066-5

MANUEL DE COMPTABILITÉ (tome I)
Initiation à la comptabilité générale
Camara Kadiata Mory
Ce premier tome présente l'environnement comptable OHADA. Il permet aux utilisateurs d'apprendre et de comprendre facilement, à l'aide d'exemples et d'exercices, chacun des aspects fondamentaux et des opérations courantes : la notion d'entreprise et de comptabilité, l'analyse des flux économiques ; la notion de bilan et de compte de résultat ; l'enregistrement comptable des opérations courantes de l'entreprise : achats-ventes, encaissements et règlements ; l'enregistrement et le mécanisme de déclaration de la TVA ; la tenue des livres comptables.
(Harmattan Guinée, 31.00 euros, 302 p.)
ISBN : 978-2-343-12054-6, ISBN EBOOK : 978-2-14-004241-6

MANUEL DE COMPTABILITÉ (tome II)
Les travaux de fin d'exercice comptable
Camara Kadiata Mory
Ce 2e tome, conforme aux normes du système comptable OHADA, est structuré en huit chapitres comportant une présentation du cours, des applications corrigées et des exercices proposés. Il traite l'essentiel des opérations de fin d'exercice comptable. Pour arrêter ses comptes et produire les documents de synthèse (balance, bilan, compte de résultat, état annexé), l'entreprise doit procéder aux opérations d'inventaires et passer des écritures de régularisation qui en découlent.
(Harmattan Guinée, 29.00 euros, 276 p.)
ISBN : 978-2-343-12059-1, ISBN EBOOK : 978-2-14-004242-3

MANUEL DE COMPTABILITÉ (tome III)
Éléments de technique comptable approfondie
Camara Kadiata Mory
L'objectif de ce 3e volume est de donner aux utilisateurs quelques éléments de techniques comptables approfondies : éléments liés à la réglementation comptable basée sur les normes de l'Acte uniforme de l'OHADA portant sur l'organisation et l'harmonisation des comptabilités des entreprises, la nature des opérations

d'investissements, leur financement, quelques opérations spécifiques et certaines opérations courantes.
(Harmattan Guinée, 33.00 euros, 322 p.)
ISBN : 978-2-343-12060-7, ISBN EBOOK : 978-2-14-004243-0

LA PLACE DES RÉGIONS DANS LA DÉCENTRALISATION FRANÇAISE
Niepceron Alexis – Sous la direction de Madame le professeur Laetitia Janicot
Master «Droit des collectivités territoriales et politiques publiques»
Le quinquennat du président de la République François Hollande a été marqué par de profonds changements en matière de décentralisation, notamment pour la collectivité régionale. Afin d'accroître leurs pouvoirs et leur place dans la décentralisation, les lois des 16 janvier et 7 août 2015 ont réduit le nombre des régions, étendant ainsi leur périmètre. Pour autant, la région sort-elle véritablement renforcée de ces réformes ? Cette étude établit un bilan des avancées et des manquements des dernières réformes, en relevant et interrogeant les difficultés politiques et juridiques.
(20.50 euros, 204 p.)
ISBN : 978-2-343-12340-0, ISBN EBOOK : 978-2-14-004253-9

AUSTÉRITÉ ET RIGUEUR DANS LES FINANCES LOCALES
Une approche comparative et pluridisciplinaire
Sous la direction de Guillaume Gourgues et Matthieu Houser
Les finances publiques locales sont-elles victimes d'une politique d'austérité ? Assiste-t-on à une nouvelle définition de la « rigueur » budgétaire ? Comment les élites politiques et administratives adhèrent, réagissent, s'adaptent-elles à la « nouvelle donne » des finances locales ? Cet ouvrage explore la complexité des débats sur l'évolution des finances publiques locales. En proposant des analyses portant à la fois sur la réalité juridique et financière des situations de rigueur, nous proposons de traiter des thématiques liées au débat général sur « l'austérité locale ».
(Coll. Grale, 30.00 euros, 298 p.)
ISBN : 978-2-343-12371-4, ISBN EBOOK : 978-2-14-004101-3

LA GOUVERNANCE NODALE DU RÉSEAU DE SÉCURITÉ LOCALE
Quéro Yann-Cédric
De nombreux acteurs (appelés « nodes ») sont engagés dans les enjeux partagés de sécurité locale : élus locaux, police nationale, gendarmerie, préfet, justice, etc. Mais très peu d'informations étaient jusqu'alors disponibles sur la manière dont fonctionne au quotidien ce réseau d'acteurs hétéroclites qui coproduit la sécurité locale. Cet ouvrage se propose au travers de plus de quarante-cinq entrevues, d'analyser le rôle de chacun au regard du cadre réglementaire de coproduction de sécurité.
(Coll. Sciences criminelles, 27.00 euros, 264 p.)
ISBN : 978-2-343-12177-2, ISBN EBOOK : 978-2-14-004216-4

PROBATION, INSERTION
Les deux axes d'une politique ambitieuse de prévention de la récidive
Daniel Christian
Depuis des décennies, les gouvernements successifs, le Parlement, ont échoué à mettre en place une politique efficiente face à la délinquance. Si des évolutions

intéressantes ont pu être esquissées, leur mise en œuvre est demeurée trop timorée : jamais les décideurs n'ont eu le courage de surmonter les pressions et d'opérer les bons choix. En s'appuyant sur son expérience et à la faveur de nombreux échanges, l'auteur formule soixante-six propositions pour engager le tournant nécessaire.
(24.00 euros, 236 p.)
ISBN : 978-2-343-12564-0, ISBN EBOOK : 978-2-14-004259-1

L'ENTREPRISE ÉMOTIONNELLE
Une mutation incontournable
Gailliegue Didier
Cet ouvrage est consacré à la gestion du capital émotionnel constitué par l'ensemble des collaborateurs de l'entreprise, quelle que soit sa taille. Le management doit prendre en compte ce facteur incontournable d'efficacité et de pérennité. Le rôle de leader d'une organisation du travail est essentiel. D'un statut de chef hiérarchique il va devenir le coach qui détiendra son autorité par sa capacité à fédérer. L'habileté émotionnelle du chef d'entreprise devient une qualité stratégique. L'intelligence émotionnelle montre une voie d'espoir pour l'entreprise de demain.
(22.00 euros, 206 p.)
ISBN : 978-2-343-12075-1, ISBN EBOOK : 978-2-14-003916-4

ENTREPRISES VIVANTES
Ensemble, elles peuvent changer le monde
Sous la direction de Manfred Mack et Cristine Koehler
Ce livre réunit un panorama des principaux concepts d'entreprise qui ont vu le jour au cours des dix à quinze dernières années. Écrit par dix acteurs clés, il témoigne des nouveaux rôles et fonctionnements de l'entreprise. Ces innovations organisationnelles, agilité, entreprise libérée, création de valeur globale, réseaux locaux, économie collaborative, montrent l'importance de la créativité, de la persévérance et de la compréhension écosystémique de l'entreprise. Ces innovations sont susceptibles, ensemble, de régénérer l'économie.
(23.50 euros, 222 p.)
ISBN : 978-2-343-11508-5, ISBN EBOOK : 978-2-14-003860-0

COÉVOLUTION, CULTURE D'ENTREPRISE ET PHILOSOPHIE ÉCONOMIQUE
Au-delà du conflit entre l'économie et la société
Anker Heinrich
Il existe un véritable conflit, entre le capital et le travail, autrement dit entre économie et société, qui peut être dépassé par la coévolution. Ce concept comprend plusieurs points-clés : vivre, avec les clients et les collaborateurs, une culture du sens et de l'estime humaine ; respecter les ressources de la société et de la nature, et les gérer dans une perspective à long terme. L'expérience a prouvé maintes fois que ces entreprises sont plus robustes et rentables que la moyenne.
(Coll. Ad valorem, 16.50 euros, 144 p.)
ISBN : 978-2-343-11378-4, ISBN EBOOK : 978-2-14-003907-2

L'HARMATTAN ITALIA
Via Degli Artisti 15; 10124 Torino
harmattan.italia@gmail.com

L'HARMATTAN HONGRIE
Könyvesbolt ; Kossuth L. u. 14-16
1053 Budapest

L'HARMATTAN KINSHASA
185, avenue Nyangwe
Commune de Lingwala
Kinshasa, R.D. Congo
(00243) 998697603 ou (00243) 999229662

L'HARMATTAN CONGO
67, av. E. P. Lumumba
Bât. – Congo Pharmacie (Bib. Nat.)
BP2874 Brazzaville
harmattan.congo@yahoo.fr

L'HARMATTAN GUINÉE
Almamya Rue KA 028, en face
du restaurant Le Cèdre
OKB agency BP 3470 Conakry
(00224) 657 20 85 08 / 664 28 91 96
harmattanguinee@yahoo.fr

L'HARMATTAN MALI
Rue 73, Porte 536, Niamakoro,
Cité Unicef, Bamako
Tél. 00 (223) 20205724 / +(223) 76378082
poudiougopaul@yahoo.fr
pp.harmattan@gmail.com

L'HARMATTAN CAMEROUN
TSINGA/FECAFOOT
BP 11486 Yaoundé
699198028/675441949
harmattancam@yahoo.com

L'HARMATTAN CÔTE D'IVOIRE
Résidence Karl / cité des arts
Abidjan-Cocody 03 BP 1588 Abidjan 03
(00225) 05 77 87 31
etien_nda@yahoo.fr

L'HARMATTAN BURKINA
Penou Achille Some
Ouagadougou
(+226) 70 26 88 27

L'HARMATTAN SÉNÉGAL
10 VDN en face Mermoz, après le pont de Fann
BP 45034 Dakar Fann
33 825 98 58 / 33 860 9858
senharmattan@gmail.com / senlibraire@gmail.com
www.harmattansenegal.com

www.ingramcontent.com/pod-product-compliance
Lightning Source LLC
LaVergne TN
LVHW011303061026
849535LV00005B/1371
* 9 7 8 2 3 4 3 1 3 9 3 2 6 *